Martin Schrank: Spritztour zum Nordkap

Spritztour zum Nordkap

Mit dem Liegefahrrad unterwegs von Bayern nach Lappland

Martin Schrank

1. Dezember 2014

BoD – Books on Demand, Norderstedt

MIX
Papier aus ver-
antwortungsvollen
Quellen
Paper from
responsible sources
FSC® C105338

Lieben Dank an Andrea, meinen Schreibcoach

Bibliografische Information der Deutschen Nationalbibliothek
Die Deutsche Nationalbibliothek verzeichnet diese Publikation
in der Deutschen Nationalbibliografie; detaillierte bibliografische Daten sind im Internet über www.dnb.de abrufbar.

©2014 Martin Schrank

Umschlaggestaltung: Martin Schrank

Herstellung und Verlag:

BoD – Books on Demand, Norderstedt

ISBN 978-3-7347-3570-7

Inhaltsverzeichnis

Bayern   11
    Sechs Wochen Spontanurlaub 11
    Erste Reparatur, letzte Filme, erste Berge 14

Tschechien   19
    Regen, Puffs und Reiberdatschi 19
    Sprachlos durch das Nachbarland 25
    Terzaki 28

Polen   33
    Bier mit Strohhalm und lauter neue Wörter 33
    Hazard Bike 36
    Speichenkiller, Großstädte und ein Interview 41
    Urlaubs- und Liegeradler 45
    Störche, Straßen, Sand, Schrammen, Schlagbaum 50

Baltikum   53
    Litauen 53
    Lettland 61
    Estland 72
    Frisierte Frösche nach Fernost 89

Finnland   91
    Nette Leute und Nordsonne 91
    Kettensägen, schwimmende Teppiche und 1001 warme Seen   96
    Fischbrot, Blumen, Winterkrieg und Sommerende 103
    Polarkreis und Regen ohne Bogen 108
    Hungrig auf Goldkurs 111

Inhaltsverzeichnis

    Regenbogen 117
    Gegen den Wind 119
    Blaue Grenze 123

Norwegen   **127**
    Gelochtes Geld, Alkohol und ein Horrortrip 127
    Die letzten Prüfungen vor dem Nordkap 133
    Die Halle - Das Museum am Ende der Welt 143
    Zeitlos 149
    Plan C 156
    Fast wie prominent 159
    Gedankenübertragung, Silberschmiede und Heilung 166

Westliches Finnland   **171**
    Mehr Regen und längere Nächte 171
    In Fahrt an der Ostseeküste 176
    Sieben Brücken mit steigender Tendenz und ein Kurswechsel 181
    Kein Festnetz, Windmühlen, Semmeln und Wolkenbruch . 184
    Spätsommer in Hanko 187
    Zeitraffer 189

Deutschland mit dem Zug an einem Tag   **191**
    Eine Nacht in Rostock 191
    Erste und letzte Zugfahrt 195
    Winterkrieg und kein Ende 197
    Stilecht 200

Bayern

Sechs Wochen Spontanurlaub

Was macht man, wenn man unerwartet seinen ganzen Jahresurlaub auf einmal bekommt? Was würden Sie machen? Bei mir war das 2004 relativ einfach: Eine Fahrradreise. Beim Radeln fasziniert mich die Möglichkeit, mit eigener Muskelkraft in relativ kurzer Zeit unglaublich weit voranzukommen. Vor der Erfindung der Eisenbahn gab es auf der Erde kein schnelleres Fortbewegungsmittel für lange Strecken, und wo keine Schienen lagen, noch lange danach. Im Zug oder Auto fühle ich mich beim Reisen irgendwie eingesperrt, vor allem, wenn ich draußen eine schöne, trockene Asphaltstraße oder einen Wanderweg sehe. Dann stelle ich mir vor, wie früher da draußen auf zwei Rädern entlangzustrampeln. Ich genieße die Bewegung und die Luft um mich herum.

Seit vier Monaten oder 3500 Kilometern fahre ich ein knallrotes sportlich ausgelegtes Liegerad. Laut Kritiken im Internet ist es so ziemlich das schnellste, das voll gefedert und halbwegs hoch genug für den Straßenverkehr ist. Vorsichtshalber habe ich noch einen Wimpel montiert. Auf dem Prospekt ist nicht gestanden, dass man bei dem eleganten Ding doch noch selber treten muss, aber da muss ich durch. Nach über zwanzig Jahren Ausdauersport habe ich da auch keine Bedenken.

Mir bleibt also praktisch nur noch die Frage nach dem Ziel. Ursprünglich wollte ich wie immer nach Süden, aber angesichts einer Europakarte ist mir eingefallen, dass ich seit zweiundzwanzig Jahren nicht mehr an der Ostsee war, und in Skandinavien noch nie.

Bayern

Viel Mückenschutz und etwas warme und wasserdichte Kleidung würde ich da wohl brauchen. Sonst weiß ich über die Länder im Norden praktisch gar nichts, nicht einmal die Sprachen kenne ich. Das reizt mich. Vor einem Monat wollte ich noch eine richtig lange Bergwanderung machen, vor einer Woche eine Radtour nach Portugal und vielleicht Marokko - und jetzt sehe ich mich von Mücken zerstochen und halb erfroren vor einem glasklaren Regenbogen am Polarkreis. Ich bin schon gespannt, wo ich wirklich landen werde. Die letzten Sätze maile ich einer Bekannten, als ich mich schon so gut wie entschieden habe.

Da ich nicht weiß, wie weit ich in den zweiundvierzig Tagen, die mir zur Verfügung stehen, kommen werde, stecke ich mir als Minimalziel eine Ostseeumrundung, und als Fernziel oder offizielles Arbeitsziel das Nordkap. So was braucht man, weil man unterwegs immer wieder gefragt wird, wo man hin will. Eigentlich will ich nur mal wieder für ein paar Wochen raus an die frische Luft. Davon soll es in Skandinavien jede Menge geben, und ich habe gehört, dass Radfahrer ans Nordkap fahren, wenn sie eine große Skandinavientour machen. Der nördlichste Punkt Europas soll das sein. Auch davon gibt es in Skandinavien einige. Ich frage mich zum Beispiel, zu welchem Erdteil Spitzbergen gezählt wird, das liegt nämlich noch ein gutes Stück weiter im Norden. Inzwischen ist das Nordkap der nördlichste über Straßen erreichbare Platz Europas, aber das ist es auch erst seit ein paar Jahren. Damals wurde ein Tunnel vom Festland auf die Insel Magerøya eröffnet, an deren nördlicher Küste das Nordkapp (norwegische Schreibweise) liegt. Dieser tiefe Tunnel unter dem Eismeer gehört zu den Gegebenheiten, die - für Radfahrer - den letzten Kilometern zum Kap etwas abenteuerliches geben, fast einen Hauch Mystik. Nennen wir es mal eine der letzten Prüfungen vor dem Ziel.

Als Zwischenziel, falls unterwegs das eine zu einfach und das andere zu weit erscheint, nehme ich den Polarkreis. Eigentlich kann ich fünf Wochen lang so weit und viel fahren wie ich will, und muss nur

Sechs Wochen Spontanurlaub

in der letzten Woche der Reise die Nähe öffentlicher Verkehrsmittel anpeilen.

Zuerst möchte ich durch Tschechien, Polen und die baltischen Länder, die erst seit ein paar Wochen in der Europäischen Union sind, nach Tallinn, der Hauptstadt von Estland. Von da aus will ich auf jeden Fall irgendwie nach Finnland. Da mir das mit den Visa nach Russland momentan zu kompliziert ist, werde ich einen Bogen um Kaliningrad machen, Sankt Petersburg auslassen und eine Fähre von Tallinn nach Helsinki nehmen. Auf der Fähre werde ich eine Zwischenbilanz ziehen und mir Gedanken über die weitere Reiseroute machen. So weit zum groben Plan.

Nach dieser Entscheidung, zehn Tage vor der Reise, gehe ich in einen Buchladen, um Karten zu kaufen. Aus Gewichtsgründen beschränke ich mich auf Länderkarten mit Maßstab 1:800 000. Für Deutschland, Tschechien, Polen, Baltikum (Litauen, Lettland und Estland), Finnland, Schweden und Norwegen brauche ich fünf Karten.

Normalerweise gehört für mich zu einer Auslandsreise ein Sprachführer. Die sind leichter als Reiseführer, und besser geeignet, mit Menschen in Kontakt zu kommen. Für die durchfahrenen Länder, je nach Rückreiseroute möglicherweise mit Dänemark, bräuchte ich neun Sprachen in sechs Wochen. Dabei sind die Sami-Sprachen für Lappland und russisch als voraussichtlich weit verbreitete Sprache im Baltikum noch nicht eingerechnet. Das ist mir zu viel. Also streiche ich systematisch ein paar Sprachen weg. Drei Tage oder weniger werde ich in Tschechien, den drei baltischen Staaten und Dänemark verbringen. Von Schweden und Norwegen bin ich nicht sicher, ob ich die Länder überhaupt erreiche. Zudem gehe ich davon aus, dass dort genug Leute Englisch sprechen. Bleiben Polnisch und Finnisch, in handlichen, bewährten kleinen Führern, in denen ich in den folgenden Tagen und Wochen hoffentlich oft genug schmökern kann.

Im Keller meiner Eltern habe ich kurz vor der Reise nach jahrelanger Suche endlich den genialen kleinen Benzinkocher wiederentdeckt.

Bayern

Leider arbeitet das Teil recht explosiv, wenn man Stoff von der Tankstelle benutzt, so weit ich mich an die Marokkotour vor sechzehn Jahren erinnere. Irgendwo auf dem Weg werde ich schon knallfreies Feuerzeugbenzin finden. Das gibt eine Aufgabe für die erste Etappe.

Erste Reparatur, letzte Filme, erste Berge

Wegen der vielen warmen Kleidungsstücke werden die Taschen ungewohnt voll. Dabei habe ich nicht einmal ein Zelt dabei. Womöglich werde ich nicht alles brauchen. Die Fleecehose und einer der Pullover sind wahrscheinlich zu viel. Ich will aber für alle möglichen Vorfälle gewappnet sein, sowohl einen plötzlichen Wintereinbruch in Lappland, möglicherweise mit Notbiwak, als auch eine exotische Panne hundert Kilometer von der nächsten Ortschaft entfernt. Exotische Panne heißt, dass ich sie nicht selber reparieren kann. Das ist unwahrscheinlich, aber auf etwa 120 000 Kilometern schon öfters passiert. Wo gehobelt wird, fallen Späne.

Die erste Herausforderung stellt sich mir vor der Wohnungstür: Da das Haus einen neuen Aufzug bekommt, muss ich mein Rad erst einmal drei Stockwerke bis zur Haustür tragen. Natürlich könnte ich es auch unten beladen, aber ich habe beschlossen, dass es nicht schaden kann, ein Gefühl für das Gewicht des voll aufgepackten Rades zu bekommen.

Den Beschluss bereue ich nach zwei Schritten auf der Treppe. Das Treppenhaus ist großzügig dimensioniert, aber so ein voll bepackter Tieflieger ist mit zwei Meter fünfzehn Länge recht unhandlich zum Tragen. Natürlich lege ich das Gewicht auf einen Oberschenkel, aber die Balance beansprucht nochmals einiges an Kraft, und ich bin keine achtzehn mehr. Damals konnte ich mit einer Hand mein genauso schweres Reiserad eine Treppe hochtragen, ohne zwischendurch abzusetzen.

Erste Reparatur, letzte Filme, erste Berge

Auf den ersten Kilometern habe ich das Gefühl, dass die Maschine sich schwammig fährt - sehr schwammig. Schon am Feringasee, nach drei Kilometern, bewegt mich das zu einem ersten Halt. Ein Griff in die Speichen des Hinterrades erschreckt mich: Die sind butterweich. Wieso ist mir das noch nicht aufgefallen? Ist das Rad so stark überladen? Ich ziehe die Speichen rundum ein wenig an, und zentriere dann nach. Gut, dass ich eine Bank zur Verfügung habe. Auf die hieve ich das tonnenschwer beladene Heck des Rades, damit sich das Hinterrad frei drehen kann.

Wenn ich weiß, dass die Gewinde der Speichen mit Fett oder Öl behandelt worden sind, kann ich davon ausgehen, dass das Ergebnis des Zentrierens bleibt. Wenn nicht, kann es passieren, dass Nippel und Speiche genau auf ihrer momentanen Verbindung bestehen, und sich nur die Speiche verwindet. Das hat möglicherweise zur Folge, dass diese sich bei nächster Gelegenheit zurückdreht. Außerdem gehe ich davon aus, dass eine verwundene Speiche leichter reißt. Das Knarzen beim Zentrieren hört und fühlt sich knochentrocken an. Mir schwant daher, dass das nicht meine letzte Beschäftigung dieser Art sein wird. Aber jetzt habe ich vorerst einen deutlich direkter ansprechenden Antrieb, und düse weiter Kurs Nordost - Richtung Nordkap.

Moosburg ist die erste größere Ortschaft auf der Strecke. Da müsste Feuerzeugbenzin zu finden sein. Im ersten Schreibwaren- und Zigarettenladen werde ich zu einem Geschäft am anderen Ende der Straße geschickt. Dort gibt es den Sprit.

Diafilme zu finden, ist fast schwieriger. Die Digitalkameras haben den Markt umgekrempelt. Ich kaufe die Bestände von ziemlich ganz Moosburg auf, sechs Filme aus zwei Geschäften, macht mit den vorhandenen Vorräten zehn.

Jetzt müsste die Ausrüstung komplett sein. Auf zum Nordkap!

Ab Moosburg geht es zügig mäßig wellig dahin. Ich peile zuerst Cham an. Auf einmal endet die von großen Feldern aller Art beherrschte Landschaft, und mit dem Bayrischen Wald beginnen die

Bayern

Kurven und Berge. Bei letzteren bemerke ich das ungewohnt schwere Gepäck deutlich. Hier muss ich mein Tempo also eher niedrig kalkulieren - und rechtzeitig mit der Herbergssuche anfangen. Am frühen Abend bin ich etwa zehn Kilometer vor Cham, in einer Ortschaft namens Falkenstein. Dort geht es kräftig bergauf, aber ich finde gleich in einem netten Gasthaus Quartier.

Urlaub im Bayrischen Wald müsste eigentlich ganz cool sein: Das Verhältnis von Preis zu Qualität ist sehr in Ordnung und es gibt jede Menge Auswahl für Aktivitäten. Und man begegnet richtiger Bodenständigkeit. Ein Angestellter meint, ihm wären sechs Wochen Urlaub am Stück zu viel.

Am zweiten Tag meiner Tour peile ich schon für Mittag die Grenze zu Tschechien an, das seit wenigen Wochen Mitglied der EU ist. Ich erinnere mich an eine Klassenfahrt vor vielen Jahren, mit strengen Grenzkontrollen und Zwangsumtausch, und an die ständigen Angebote, schwarz Mark in Kronen zu wechseln.

Heute geht es mir erst mal um eine gute Route. In einem Naturkostladen frage ich nach einem Weg für Radfahrer zur Grenze. Die Verkäuferin verweist mich gleich an eine außerordentlich fesche und freundliche Kollegin, die knapp mein Alter haben dürfte und die Aufgabe sehr ernst nimmt und mir detailliert einen raffinierten Weg diktiert. Die würde ich gerne fragen, ob sie mir den Weg nicht persönlich zeigen könnte, nächsten Sonntag vielleicht. Und möglicherweise hätte sie ja in den fünf Tagen dazwischen mal Zeit für ein Feierabendbierchen.

Ach so, ich bin ja auf der Durchreise.

In natura finde ich problemlos jeden der zwölf Merkpunkte auf ihrer Liste, und nähere mich auf praktisch autofreien Schleichwegen zügig der Grenze. Angesichts des hochsommerlichen Wetters und in einem Anfall von Patriotismus beschließe ich, mir noch auf der bayrischen Seite die Haare schneiden zu lassen, extra kurz, damit es unter dem Helm nicht allzu heiß wird. Natürlich können die hier niemals mit den Preisen der tschechischen Kolleginnen mithalten,

Erste Reparatur, letzte Filme, erste Berge

und ich bin verwundert, überhaupt einen Friseur anzutreffen. Übrigens sind auch hier die Preise für deutsche Verhältnisse sehr niedrig. Auf jeden Fall bekomme ich wie gewünscht einen ziemlich kurzen Schnitt. Als ich am Bezahlen bin, wird der Laden danach kontrolliert, ob alle Mitarbeiterinnen die nötigen Papiere haben, was aber niemanden aus der Ruhe bringt.

Leichten Haares geht es zur nahen Grenze. Der Übergang in das frisch in die EU aufgenommene Land ist völlig unspektakulär.

Ich erinnere mich an das Gruseln bei der Klassenfahrt nach Prag vor über zwanzig Jahren, als ein Lehrer uns Verhaltensregeln für den Fall eingeschärft hat, dass ein Grenzpolizist den Bus betreten sollte. Mahnendes Beispiel war eine Szene an der BRD-DDR-Grenze, wo ein Schüler die Melodie „Sonderzug nach Pankow" gepfiffen haben soll. Das hatte wohl eine akribische Gepäckkontrolle zur Folge. Für einen solchen Fall hatten wir auch Anweisungen, worauf wir verzichten sollten, um im Fall einer Stichprobe die Grenzer nicht zu provozieren. Ein Klassenkamerad hatte dann bei unserer Reise den Provokationseffekt allein durch die rosa Kofferfarbe erzielt …

Aber das ist alles Vergangenheit. Ich rolle, bevor ich mir dessen richtig bewusst bin, auf einer tschechischen Landstraße dahin.

Tschechien

Regen, Puffs und Reiberdatschi

Auf der Strecke bis Plzen fällt mir die große Anzahl an Spielkasinos auf. Vermutlich ist die tschechische Grenzzone ein Spielplatz für die Deutschen geworden, ein effizienter marktwirtschaftlich gesteuerter Finanzausgleich zwischen den Regionen, und noch dazu freiwillig! Für den Fall, dass ein Spieler etwas gewinnt, ist vorgesorgt: Zwischen den Kasinos liegen jede Menge Bordelle, wo der glückliche Gewinner seinen Profit gleich weiter verteilen kann. Nach und nach gewinne ich angesichts der Lämpchen in den Fenstern und der Fassadengestaltung den Eindruck, dass auch die als "Pensiona" ausgeschilderten Häuser keine Pensionen im Sinne von reinen Übernachtungsgelegenheiten sind, sondern bewusst schlecht getarnte Bordelle. Vielleicht ist das nur bei einzelnen Häusern der Fall. Vielleicht liegen auch die beiden Arten von Betrieben hier öfters nebeneinander. Wenn es jetzt Abend wäre, müsste ich es ausprobieren, aber ich liege so in der Zeit, dass ich noch leicht bis Plzen kommen müsste, und dort gibt es eine Jugendherberge. Da ich kein Wort tschechisch kann, ist für die Durchreise sicher eine Stadtjugendherberge keine schlechte Wahl. Bis dahin sind aber noch zig Kilometer zurückzulegen.

Die Zahl der bunt beleuchteten Lokale nimmt tatsächlich ab, mancherorts werden Spezialitäten wie Gartenzwerge verkauft. Man durchquert auch einzelne ganz normale Straßendörfer und Ansammlungen von Bauernhöfen.

Tschechien

Seit längerem sehe ich dunkle Wolken im Rückspiegel. Zwar bin ich auf der relativ flachen Strecke für meine Verhältnisse recht flott unterwegs, aber langsamer als die Wolkenfront. So ziehe ich die Regensachen über meinen aufgeheizten Körper und meine mit Sonnencreme beschmierten Arme und Beine, sobald die Tropfen häufiger werden. Mit bis zu den Knien aufgekrempelter Regenhose und ohne Socken in den Radschuhen geht es ganz gut. Ich strample einfach weiter und stelle mir vor, dass das in Finnland tagelang so gehen kann. Darauf bereite ich mich hiermit vor. An die mögliche Kälte denke ich lieber nicht.

Natürlich ist Sonne schöner und trockenes Wetter angenehmer, aber das hier gehört auch dazu. Hoffentlich bemerken die Autofahrer den gelben Regenüberzug über dem Gepäck, und meinen Wimpel.

Nach einer Weile hört der Guss auf, und sobald der Fahrtwind meine Regensachen einigermaßen getrocknet hat, fahre ich in kurzer Fahrradkleidung weiter. Zumindest der Oberkörper kann kaum auskühlen, da der Schalensitz den Rücken schützt und wärmt.

Immer mehr habe ich das Gefühl, auf einer Autobahn zu fahren. Die Straße wird breiter, der Mittelstreifen bekommt Leitplanke und Grünzeug, immer mehr Autos brausen an mir vorbei.

Heute will ich nur noch in die Jugendherberge Plzen. Die Stadt muss ich bald erreicht haben. Daher glaube ich, sehr gut in der Zeit zu liegen, und beschließe, die Stadt über Nebenstraßen anzusteuern. Wenn ich die Richtung halte, muss ich so oder so früher oder später das Stadtgebiet erreichen.

Bald finde ich mich auf einer Forststraße wieder, eine gute Übung für den dicht bewaldeten dünn besiedelten Norden. Da die Schneise, in der ich unterwegs bin, schnurgerade verläuft, muss ich sehr bald in der Stadt sein.

Der Wald hört nicht auf, der Forstweg auch nicht, er wird sogar länger, indem er anfängt, sich zu winden. Dann gabelt er sich auch noch immer wieder. Wenn ich ungefähr die Richtung halte, wer-

Regen, Puffs und Reiberdatschi

de ich trotzdem früher oder später eine Straße erreichen, die nach Plzen gehen wird.

Nach einiger Zeit bemerke ich, dass ich in Richtung Osten immer wieder einen Zaun vor mir habe. Da ich wegen dessen Höhe und der robusten Ausführung des Gitters den Eindruck habe, dass das nicht nur eine Schonung ist, und nicht weiß, wie weit sich das umzäunte Gelände erstreckt, drehe ich recht bald doch um. Nebenbei fängt es immer wieder zu nieseln an. Ganz genau weiß ich natürlich nicht mehr, welchen Weg ich genommen hatte, aber die Hauptstraße, auf der ich hergekommen bin, und die ganz sicher nach Plzen führt, kann ja nicht allzu weit nördlich sein. Also versuche ich wieder, die Richtung zu halten, und lande bald tatsächlich auf der Hauptstraße, in einer Umgebung, die mir sehr bekannt vorkommt.

Einen zweiten Ausweichversuch starte ich noch auf der anderen Seite der Hauptstraße. Den gebe ich aber auf, sobald das Ende der asphaltierten Strecke erreicht ist, nach wenigen hundert Metern bei einer kleinen Ansammlung von dunkel gestrichenen Häuschen.

Nun kann ich in der Gewissheit in die Stadt einfahren, dass ich keinen für Radfahrer besser geeigneten Nebenweg verpasst habe. Ich nehme mir auch vor, auf der weiteren Reise solche Versuche zu unterlassen. Auf dieser Tour will ich nicht das Straßen- und Wegenetz auskundschaften, sondern nach Finnland radeln, mit Kurs auf das Nordkapp.

Bis ich tatsächlich das Ortsschild von Plzen erreiche, ist es doch bereits dämmrig, was einerseits an der bereits fortgeschrittenen Stunde liegt, andererseits an der immer dunkleren Bewölkung.

Laut Jugendherbergsführer sollte die Herberge vom Zentrum aus gesehen in etwa in der Richtung liegen, aus der ich komme. Wegen des dichten Straßennetzes würde mir aber nur ein Stadtplan, ein Ortskundiger oder ein Wegweiser weiterhelfen. Um die Herberge vielleicht doch zu finden, halte ich die Augen offen, was vor allem bewirkt, dass ich noch etwas später als nötig den Rand es

Tschechien

Stadtzentrums erreiche. Auch dort sind wesentlich weniger Menschen unterwegs, als ich erwartet hätte, kaum jemand, den man nach dem Weg zur Jugendherberge fragen könnte. Inzwischen beginnt es langsam zu regnen. Die Hotels, die ich auf dem bisherigen Weg durch die Stadt gesehen habe, sind mir schon von außen nicht sympathisch oder vertrauenswürdig vorgekommen. Vielleicht hätte ich für heute doch eine der vielen Puff-Pensionas nehmen sollen, mit denen die Landstraße gesäumt war.

Dutzende von Menschen nach dem Weg fragen zu können, ist grundsätzlich nicht nötig; einer, der den Weg kennt und beschreiben kann, reicht. Viele Menschen zu fragen, würde zudem viel Zeit kosten, und man bekäme als Zwischenergebnis garantiert verschiedene Beschreibungen, die nicht übereinstimmen. Schließlich führen tatsächlich zu den meisten Zielen mehrere Wege.

Ich finde einen, den ich fragen kann, und der scheint zu wissen, wovon er redet. Ich präge mir die Beschreibung ein. Eigentlich geht es immer geradeaus, nur eine bestimmte Gabelung der Strecke darf ich nicht übersehen. Tatsächlich fahre ich einige Kilometer zurück. Wo genau ich von meiner Strecke hätte abzweigen müssen, hätte ich aber nie von selber gefunden.

Da es inzwischen immer stärker regnet, packe ich mein Gepäck besser ein. Dazu bringe ich mich erst einmal in Sicherheit und wuchte mein Rad über eine der ungewohnt hohen Bordsteinkanten. Da ich nun schon einmal oben bin, fahre ich auf dem Gehweg weiter. Der ist hier, auf einer Hauptstraße zwischen dem Zentrum und anderen Stadtteilen, eher schmal und kaum benutzt. Die Erhöhung scheint vor allem dem Schutz der Laternen zu dienen, die alle paar Meter mitten auf dem löchrigen erhabenen Teerstreifen eingesetzt sind. Mir bleibt gerade genug Platz, um um die Laternen Slalom zu fahren, allerdings mit reichlich Vorsicht, da es immer wieder Hindernisse und Schlaglöcher gibt. Die genaue Linienführung will also gut überlegt sein.

Regen, Puffs und Reiberdatschi

Ich halte mich ganz gut für die Sichtverhältnisse, die durch Dämmerung, Gegenscheinwerfer, Regen und die regennasse Brille behindert wird. Nur einmal knallt ein Laufrad in ein ziemlich tiefes Schlagloch. Die Quote ist nicht schlecht, aber die eine Ausnahme hätte das Ende der Radtour bedeuten können. Wieder einmal beschließe ich, künftig nicht mehr so viel Aufwand in die Herbergssuche zu stecken. Am Ende einer Etappe, am Tagesziel, lassen einfach Spannung und Aufmerksamkeit nach, wodurch Fehler wahrscheinlicher werden. In einem Ortszentrum oder neben einem Bahnhof findet man fast immer etwas. Außerdem sind die Wege dort hin normalerweise gut ausgeschildert. Weitere Vorteile wären wahrscheinlich ein breiteres Angebot an Gastronomie und Einkaufsmöglichkeiten in unmittelbarer Nähe der Unterkunft.

Jetzt bin ich aber schon unterwegs zur Jugendherberge und werde sie auch finden. Nach einigen Kilometern, vermutlich nicht weit von meinem Weg in die Stadt, in einer Straße, die von vorwiegend dunkelgrauen Häuserblocks gesäumt ist, sehe ich an einem neueren Bau das Jugendherbergsschild. Mit neuerem Bau meine ich in diesem Fall ein Gebäude mit viel Glas, ansonsten billigst und nach kürzester Zeit schäbig. Es erinnert mich an eine Schule.

Leute sehe ich kaum, aber die Herberge hat auf. Ich bin im Trockenen und darf mein Rad neben dem Internetcafé abstellen. Lebensmittel oder geöffnete Lokale gibt es in der Nähe und zu dieser vorgerückten Stunde keine, so dass ich mich meinen Vorräten widme, nachdem ich meine nassen Sachen zum Trocknen im Zimmer verteilt habe.

Am Morgen nehme ich zum dritten Mal die Zufahrtsstraße zum Zentrum. Ich brauche etwas zu Essen, will einen Eindruck von der Stadt gewinnen, und einen Weg Richtung Nordosten aus der Stadt heraus finden. Die Zeit, die ich inzwischen unnötig auf dieser öden Straße verbracht habe, hätte mich genauso ein gutes Stück weiter in Richtung Finnland bringen können.

Tschechien

Unterschiede zu anderen größeren älteren Städten fallen mir auf die Schnelle nicht auf. Die Bebauung im Zentrum ist gefällig und scheint intakt, und ich finde schnell, was ich suche.

In einer Gasse betrete ich einen kleinen Lebensmittelladen. Während ich warte, bis ich an der Reihe bin, legt jemand eine große durchsichtige Tüte voll mit nicht besonders ansehnlichen braunen Scheiben auf die Theke neben der Kasse. In den zwei Minuten bis ich dran bin komme ich zu dem Schluss, dass das eine Art Reiberdatschi sein muss, oder wie auch immer in der Pfanne gebratene Kartoffelscheiben hier heißen, ganz frisch und in Pfannengröße. Nachdem ich mich mit Wasser, Bananen und Brot eingedeckt habe, nehme ich noch zwei von den vor Fett triefenden Teilen. Das gibt zwei nette Zwischenmahlzeiten.

Nachdem ich recht einfach und mit wenig Fragen einen Weg aus der Stadt in die richtige Richtung gefunden habe, strample ich gut gelaunt eine in weiten Schwüngen durch Wiesen und Äcker ansteigende mit Alleebäumen gesäumte Straße hinauf, die einen Blick in Abstand aus der Vogelperspektive und mit Ruhe auf die Stadt mit dem berühmten Namen verheißt. Nebenbei halte ich Ausschau nach einem passenden Platz, an dem ich meinen frischen Einkauf mit dem gebührenden Genuss verspeisen kann. Gute Essensplätze sind auf Reisen fast wichtiger als gute Schlafplätze. Schließlich ist man beim Essen wach und nimmt den Ort daher bewusster wahr.

Allerdings bin ich in einer rein landwirtschaftlichen Gegend gelandet, so nüchtern und sachlich, dass sich nirgends eine Bank findet, oder ein Waldstück, oder auch nur einzelne gefällte Bäume, oder irgend ein Platz, der zum Hinsetzen einlädt, nur Felder und Felder. Die Sonne scheint, aber es ist nicht so heiß, dass Schatten lebensnotwendig wäre. Nach gut zwei Stunden wähle ich an einer Anhöhe mit Aussicht über den welligen Äckerteppich eine ausreichend breite Stelle zwischen Straße und Feld. Mit meinem Fahrrad habe ich ja sogar einen Stuhl dabei. Ich habe genau den Zeitpunkt gewählt, in dem der Appetit schon ziemlich groß ist, so dass auch etwas fettigere Teile sofort aufgesaugt werden, aber der Körper nicht so ausgelaugt, dass ich schlingen müsste, und der Magen nicht so leer, dass ein ungewohntes Essen drücken würde. Die Datschis sind mit den in Deutschland bekannten nicht direkt zu vergleichen, nicht besser oder schlechter, einfach gut und ein wenig anders. Die Hauptzutat sind bestimmt Kartoffeln, aber zum Beispiel sind auch noch einige Speckstückchen drin.

Aus den zwei Zwischenmahlzeiten wird eine. Offensichtlich passt sich mein Appetit an meinen gestiegenen Energieverbrauch an.

Sprachlos durch das Nachbarland

Im Laufe des Tages wird die Strecke immer bergiger. Ständig geht es steil bergauf und bergab. Ich wundere mich, dass ich trotzdem eine relativ hohe Durchschnittsgeschwindigkeit habe. Hier zahlt sich vermutlich aus, dass mein Rad bergab einfach saugut auf der Straße liegt.

Die Ortschaften sind echt bunt, nicht von der Farbe her, aber man sieht in den Straßendörfern einen Baustil auf einem Kilometer höchstens drei mal. Meistens haben die Ortsdurchfahrten stark, sehr stark verworfene alte Kopfsteinpflaster, als krassen Gegensatz zu den vorwiegend nagelneuen Straßenbelägen zwischen den Orten. Vermutlich ist für den Erhalt der Straßen innerhalb der Ortschaften jemand anderes zuständig als für die Landstraßen, die mich an Spanien 1988 erinnern, als gerade überall, wo die Landkarte schlechte Wegstrecken gezeigt hat, die Straßen mit Strukturfördergeldern der Europäischen Gemeinschaft repariert wurden - worauf damals mit großen Schildern hingewiesen wurde.

Nur die Ortsdurchfahrten wirken hier wie betonierte Kartoffeläcker. Vielleicht ist es auch Absicht, eine billige Maßnahme, die Autofahrer in den Dörfern zu einer langsameren Fahrweise zu zwingen. Man repariert einfach die Straße nicht, und spart sich sowohl das Geld für

Tschechien

eine Reparatur, als auch für künstliche Schikanen. Ich habe sowieso nie so recht verstanden, wieso man in Deutschland Geld für solche Hindernisse ausgibt, die zu langsamem Fahren zwingen sollen, der restliche Straßenbelag dagegen wie neu sein soll. Mir als Radfahrer, der Hochdruckreifen bevorzugt, kommt diese Verschwendung zwar zugute, aber der um irgendwelcher Normen Willen vielfache Aufwand für das faktisch gleiche Ergebnis hat mir noch nie eingeleuchtet.

Von den Tschechen selber habe ich praktisch nichts mitbekommen. Aus deutschen Dörfern und Kleinstädten kenne ich es, dass man immer wieder mal einzelne Leute grüßt. Hier schauen praktisch alle verlegen weg. Mir kommt es zumindest verlegen vor. Vielleicht gilt es hier auch als unhöflich, Fremde anzustarren.

Ich muss zugeben, dass ich selber einen guten Teil zu dieser Situation beigetragen habe, indem ich mich auf die zwei bis drei Tage Tschechien kein bisschen vorbereitet habe. Kein Wort der Landessprache habe ich gelernt. Djekuje - Danke - lerne ich erst am letzten Abend. Durchreise - so unkommunikativ wie ein Flugurlaub.

Vielleicht hat auch das zig Kilometer lange Rotlichtviertel zwischen der deutschen Grenze und Plzen damit zu tun. Das zeigt ja beide Seiten der Grenze in keinem vorteilhaften Licht. Vermutlich spielt da einiges zusammen.

Ab Mittag geht es sehr flach dahin, gefühlt mehr bergab als bergauf. Ich rase über breite und nicht sehr stark befahrene Straßen. Ein Rennradler, der mir eine Zeit lang gefolgt ist, meint nach einer Steigung: Dobri, dobri! Ein anderer wirkt genervt, als ich ihn bergab immer wieder überhole.

Wo man schnell unterwegs ist, ist man meistens auch schnell durch. Einkaufen funktioniert auch in kleinen Dorfläden praktisch ohne Worte, und mein neu entwickelter Flaschenhalter erübrigt zum Beispiel das aufwändige Umfüllen in kleine Trinkflaschen. Ich habe nämlich meine Schaumstoff-Isomatte senkrecht an der Rückenlehne befestigt, und festgestellt, dass man in diese, wenn man sie nicht

Sprachlos durch das Nachbarland

allzu eng rollt, eine Eineinhalbliterflasche kopfüber versenken kann. Das ist mindestens so praktisch wie meine Kopf- und Nackenstütze, die durch Schlafsack und einfach gefaltete Ersatzreifen zustande kommt, welche ich direkt an der Lehne am Gepäckträger festgezurrt habe.

Nach wenigen Stunden lande ich wieder in einer hügeligeren Landschaft mit kleinen Dörfern und Städtchen. In einem größeren Dorf, das laut Karte die letzte noch bei Tageslicht erreichbare nennenswerte Ortschaft auf meiner Route sein wird, beschließe ich, dass es Zeit für das Etappenende ist. Der Ort, in dem momentan kein Straßenbelag existiert, scheint aber zurzeit kein Hotel zu besitzen. Das Schild zum nächsten Hotel weist in eine Richtung, in die ich gar nicht will. Da es noch nicht dunkel ist, beschließe ich, auf meiner Strecke doch noch weiter zu fahren, bis ich ein Gasthaus oder sonst was finde.

Die Landschaft wird immer idyllischer, die Häuser seltener, die Dörfer kleiner. Von Herberge ist keine Rede mehr. Ich bin bestimmt in keiner Fremdenverkehrsregion. Dabei ist es hier einfach wunderschön. Man fährt einen Fluss entlang, die Straße ist abwechselnd gesäumt von Wäldchen, Wiesen und Weiden, manchmal auch von steil aufragenden Hügeln, Ich komme mir vor wie zu Hause im Voralpenland. Mir gibt nur zu denken, dass es langsam dunkel wird, und ich keine Ahnung habe, wo ich übernachten soll. Da ich kein Wort tschechisch spreche, wäre es auch schwierig, mich durchzufragen. Momentan fallen meine fehlenden Sprachkenntnisse aber gar nicht ins Gewicht, da ich sowieso niemanden antreffe, außer alle paar Minuten mal ein Auto.

Irgendwann komme ich doch wieder an eine größere Straße und in eine kleine Ortschaft. Dort stehen in vielen Vorgärten Zelte, Wohnwagen und Schilder, die Zelten im Garten oder Zimmer anbieten. Aber inzwischen ist es so spät, dass ich nirgends mehr klingeln möchte. Einige Kilometer weiter erreiche ich einen größeren Campingplatz. Hier ist zwar niemand mehr da zum kassieren, aber der junge

Tschechien

Security-Mann bittet mich, am nächsten Morgen zu bezahlen. Am Kiosk gibt es noch Fast Food und Bier. Das ist besser als nichts, und schmeckt mir heute besonders gut. Der Bierpreis von etwa zwanzig Cent könnte zu einem Besäufnis verleiten, aber ich will morgen weiter kommen, über Deutschland bis Polen.

Laut Karte bin ich etwas weit nach Osten geraten. Da ich Deutschland noch einen Besuch abstatten will, fahre ich am nächsten Morgen vorerst direkt nach Norden weiter. Die idyllische Waldlandschaft weicht recht bald einer offenen Kulturregion. Irgendwann passiere ich einen riesigen trockenen Trichter. Was wurde oder wird hier abgebaut? Wäre hier noch Betrieb, müsste man Maschinen sehen. Wäre das Gebiet stillgelegt, wäre es vermutlich geflutet. So stelle ich als Laie mir das vor. Bei einem Städtchen einige Kilometer später lese ich auf einem Schild von Uranabbau.

Bevor ich die deutsche Grenze anpeile, drehe ich der Neugier halber eine Runde durch ein satt grünes, mit wenigen holzvertäfelten Häusern bebautes, hügeliges Gebiet, das in der Karte als Naturschutzgebiet ausgewiesen ist. Hier könnte es mir gefallen.

Terzaki

Irgendwann steuere ich auf einer leicht ansteigenden Straße auf den letzten Grenzort vor Deutschland zu.

Hast Du ein Zigarettenpapier für mich?

Eine jüngere kurzgeschorene Frau mit Zahnlücken spricht mich am Ortseingang an.

Sie spricht sehr gut Englisch, aber sehr, sehr viel und relativ schnell, so dass ich bei weitem nicht alles verstehe. Ich höre aber heraus, dass sie ernsthaft Schwierigkeiten zu haben scheint. Zwischendurch bittet sie mich um ein Stück Brot. Ich gebe ihr ein Stück Brot ab, und eine Packung Cashewkerne.

Vielleicht rühren die Verständigungsschwierigkeiten von den fehlenden Schneidezähnen her, weswegen sie auch die fast weichen Kerne nicht richtig kauen kann, die ihr ganz gut geschmeckt hätten. Das mit dem Kauen macht sie irgendwie traurig.

Ihre Habseligkeiten transportiert sie mit einem Kofferkuli. In einer ihrer Taschen hat sie eines ihrer neu gemalten Bilder. Die alten hat sie aus Protest zerschnitten. Außerdem hat sie eine dicke Mappe mit Kopien dabei. Davon zeigt sie mir unter anderem ein Foto von sich nach einem Zwischenfall in Düsseldorf, bei dem sie zusammengeschlagen wurde, und eine Kopie ihres ärztlichen „Unfallattests". Sie erwähnt auch immer wieder ein „Ill-treatment". Offensichtlich hat sie kein Vertrauen in die Behandlung, die ihr in Deutschland widerfahren ist.

In dem Attest werden ihre Verletzungen als Unfallfolgen abgetan, sie dagegen spricht von einem Überfall, bei dem ihr gezielt Verletzungen zugefügt wurden. In ihrem Fall waren es die Schulterblätter und das Gesicht. Solche gezielten Verletzungen haben einen symbolischen Sinn, je nach Körperpartie. Dafür gibt es wohl einen richtigen Katalog. Sie scheint sich da auszukennen. Die Symbolik in ihrem Fall war, sie zu brechen.

Keine Chance zu baden oder zu duschen, das scheint ihr auch zu schaffen zu machen. Wenn ich halbwegs richtig verstanden habe, wurde sie auf eigenen Wunsch von einer deutschen Behörde in Düsseldorf mit einem Zugticket zu dieser Grenze ausgestattet, und muss ab jetzt selber zusehen, wo sie bleibt. Ein für sie sicheres Land sucht sie. Deutschland hat sich als überhaupt nicht sicher herausgestellt. In Nordeuropa werden zurzeit sogar hohe Politiker nach Belieben ermordet. Erzkatholische Länder wie Polen kommen für sie auch nicht in Frage. Russland schwebt ihr vor. Asyl in der Russischen Republik findet sie zwar schon etwas bizarr, aber als letzte Möglichkeit. Ihr nächster Versuch soll erst einmal Prag sein.

Wir warten wie andere Passanten unter dem Vordach eines zurzeit leerstehenden Ladens einen stundenlangen sintflutartigen Regen-

Tschechien

guss ab, und schauen den Menschen zu, und dem Wasser, das wechselnd stark und extrem vom Himmel stürzt, oder auch in dicken waagrechten Fontänen aus den unteren Enden der Regenrinnen über die Gehwege spritzt.

In unserem Blickfeld liegt ein kleiner Fußballplatz, wo anfangs ein paar Jugendliche trainieren. Terzaki findet es unvernünftig, dass die Männer patschnass weiterspielen. Ich meine, das wären halt Kinder, von denen keiner als erster aufgeben will. Sie korrigiert mich: Ab vierzehn sind das Männer, und die Fußballer dürften so um die fünfzehn Jahre alt sein.

Ich hoffe, ich täusche mich, aber mit den umgerechnet sechs Euro, die ich ihr für Zigarettenpapier und „für den Bus" gegeben habe, wird sie innerhalb weniger Stunden hilflos in einer höflich wegschauenden Menge untergegangen sein.

Nachdem sie ihren Kofferkuli ein gutes Stück weiter die Straße hinuntergerollt hat, bin ich wieder fahrbereit, und rolle in die andere Richtung, nach Deutschland, nach Zittau. Zuerst fahre ich auf einer großzügig breiten mit Bäumen und Radwegen gesäumten Straße auf eine größere Ansammlung von Marktzelten zu. Ich erfahre, dass ich hier schon kurz polnisches Gebiet durchquere, aber nur einen tschechischen und einen deutschen Grenzübergang passieren muss. Entsprechend der Lage ist die Ecke voll mit Ständen und Zelten voll Krimskrams und Kleidung. Nachdem mir ein Geldwechsler erklärt hat, dass ich Zloty besser in Polen eintauschen sollte, fahre ich langsam, aber ohne anzuhalten durch.

Die deutsche Seite wirkt wesentlich weniger bunt als die tschechische, und fast menschenleer. Vielleicht liegt das an der breiteren, ebenfalls mit einem Radweg versehenen Straße, und dem Ausblick auf eine größere Stadt, Zittau. Zum nächsten Grenzübergang nach Polen geht es schon beim Ortsschild ab. Da ich etwa bis Görlitz in der Nähe der Grenze bleiben will, wäre es egal, ob ich in Deutschland oder Polen weiterfahre. Da ich aber sowieso fast eine Woche in Polen verbringen werde, halte ich es für gut, schon mal einen Eindruck zu gewinnen, zum Beispiel ein Gefühl für die Straßenschilder zu bekommen und vielleicht bereits ein paar Wörter aufzuschnappen. Außerdem müsste die Straße auf der polnischen Seite laut der Farbe auf der Karte weniger stark befahren sein.

Polen

Bier mit Strohhalm und lauter neue Wörter

Über die Grenze komme ich völlig problemlos. Direkt nach den Grenzstationen gibt es wieder Händler, aber nicht so großzügig und ordentlich in Zelten angeordnet wie vorhin. Hier drängt sich eine Menge an Waren und vor allem Menschen dicht an dicht direkt nach den Grenzposten an der Straße entlang, damit möglichst vor der ersten Abzweigung jeder ankommende Reisende angesprochen werden kann, oder zumindest die Gelegenheit hat, die Ware zu sehen.

Wie an einem südländischen Bahnhof, aber viel dichter beginnt das Spiel. Guten Tag. Wie geht's? Alles klar? Erstes Ziel des Spiels ist, die Aufmerksamkeit der Reisenden zu gewinnen. Eine kräftige junge Frau versucht es wiederholt mit Augenzwinkern.

Ich suche nur einen Geldwechsler. Den finde ich eine Straße weiter, wo schon die Stadt beginnt.

Bei einem der ersten Supermärkte kaufe ich ein. An der Kasse stehe ich neben einem großen muskulösen Mann um die fünfzig. Der spricht mich an, und wirkt ungehalten als er erfährt, dass ich kein Polnisch spreche. Er weiß nicht, dass ich hunderte von Kilometern von der Grenze entfernt wohne. Er könne aber auch nicht viel Deutsch, außer Heil Hitler und so. Draußen sehe ich ihn wieder, beziehungsweise er sieht mein Rad, fragt vermutlich um Erlaubnis -

Polen

oder hat er es bleiben gelassen, weil ich ihn sowieso nicht verstehe? - und macht es sich in dem Schalensitz bequem. Jemand versucht, ihn zurückzuhalten. Mich stört nicht, dass er den Sitz ausprobiert. Als er beim Versuch, loszufahren, ins Kippen kommt, gibt er sowieso sofort auf. So frech das war, das Ergebnis macht mir Mut. Ich werde nicht allzu viel Zeit dafür verwenden müssen, das Rad abzusperren.

Von den ersten Straßenkilometern erinnere ich mich an viel Grün und etwas Industrie. Das Gras wächst auch zwischen den Eisenbahnschienen. Autos und Menschen begegne ich kaum.

Ich halte mich nach Norden, bis wieder Schilder in das nach wie vor nahe Deutschland weisen. Es beginnt nochmals zu regnen. An einem Gasthaus in einem Straßendorf nördlich von Zgorzelec beschließe ich, für heute Feierabend zu machen, sofern ich eine Unterkunft bekomme.

Die 50 Zloty für die Übernachtung mit Frühstück finde ich fair. Als erstes polnisches Abendessen bestelle ich nach einem kurzen Beratungsgespräch Blinis, gefüllte Teigtaschen. Die schwimmen in Fett, schmecken aber gut. Da der Körper Fett mit Hilfe von Alkohol viel besser einlagern kann, und ich in den nächsten Wochen oft auf diese hochwertige Energiequelle zurückgreifen müssen werde, trinke ich in aller Ruhe noch ein paar Bier und lasse das Treiben im Restaurant auf mich wirken. Im Laufe des Abends füllt sich das Lokal immer mehr, vor allem mit jungen Leuten. An den Jungs vom Nachbartisch fällt mir auf, dass einzelne ihr Bier mit Strohhalm trinken. Soll das die berauschende Wirkung des Alkohols beschleunigen?

Das Frühstück im Innenhof mutet von der Zusammensetzung her fast deutsch an. Leider reicht mein polnischer Wortschatz nicht zu einer Unterhaltung aus. Ich hätte doch einige Fragen. Aber als positive Überraschung gibt es als Nachtisch, nachdem ich alles aufgegessen habe, noch eine große Portion Rührei.

Ab jetzt weiche ich von der Grenzlinie ab und steuere grob Poznan an, möchte die Stadt in einem großen Bogen nördlich umfahren, und dann Kurs auf die litauische Grenze nehmen. So durchstreife

Bier mit Strohhalm und lauter neue Wörter

ich erst einmal armselig anmutende Dörfer und viel Wald mit Weiden und Feldern und ausgezehrt wirkenden Bauernhöfen mit landwirtschaftlichem Gerät, das aus einem Museum stammen könnte. Einkaufen kann ich in kleinen Dorfläden.

Beim Studium meines Sprachführers für Polnisch stelle ich mit Schrecken fest, dass die polnische Sprache in allen für mich wesentlichen Details kaum etwas mit serbisch und kroatisch zu tun hat. Ich hatte mich auf ein leichtes Spiel beim Erlernen eines polnischen Grundwortschatzes eingestellt, da ich vor 20 Jahren einmal für 4 Wochen in Jugoslawien war, und da schon recht flüssig radebrechen konnte. Nichts da. Nicht einmal Danke und Bitte sind gleich. Ich muss völlig von vorne anfangen - und in vielleicht einer Woche kommt das nächste Land, für das ich nicht einmal ein Wörterbuch dabei habe. Das wird eine völlig neue Erfahrung, ähnlich wie die zwei Tage in Tschechien, was mir eben deswegen gar nicht gefallen hat. Da war ich zum ersten Mal in einem Land, ohne mir vorher wenigstens einen winzigen Grundwortschatz anzueignen.

Als ich vor einem Lebensmittelladen länger damit beschäftigt bin, meine Einkäufe zu verstauen, scheint ein alter Mann mich genau zu beobachten. Schließlich bittet er mich, doch endlich zu fahren, damit er sieht, wie das ausschaut, und er endlich gehen kann. Ja, ich habe alles verstanden, jede Geste.

Wie in Deutschland lachen hier einige Kinder über den ungewohnten Anblick, allerdings kommt es mir hier vor, als ob sie jemanden auslachen würden. Doch, die Unterschiede in der Reaktion sind erheblich und praktisch durchgehend. In Tschechien schauen Kinder wie Erwachsene scheu weg, in Deutschland sind sie mit etwas anderem beschäftigt oder interessieren sich, in Polen lachen sie, und später in Finnland werden die Kinder höchstens etwas ängstlich-ratlos zu den Eltern aufschauen. Auf jeden Fall waren auf der ganzen Reisestrecke alle brav. Etliche Jahre zuvor in Jugoslawien und Marokko hatte es vereinzelt auch andere Szenen gegeben, aber das ist eine andere Geschichte.

Polen

Hazard Bike

Am späten Nachmittag passiere ich Nowy Tomyśl, ein ganz hübsches Städtchen. Dort sehe ich vor mir auf der Straße ein auf Komfort getrimmtes Eigenbau-Liegedreirad, eine Art Rikscha mit bequemem Sessel. Der Fahrer würdigt mich keines Blickes. Vielleicht sieht er mich von seinem hohen Thron aus nicht.

Zwei osteuropäisch elegant gekleidete Damen mittleren Alters fragen, ob ich eine Übernachtungsmöglichkeit suche. Die Ortschaft wirkt zwar nett und bunt, aber ich habe mich in die Idee verrannt, in der nahe gelegenen Jugendherberge übernachten zu wollen. Außerdem denke ich an eine alte Mahnung, Leuten, die mir etwas anbieten, nicht zu vertrauen. Und die beiden wirken irgendwie sehr geschäftstüchtig. Damit habe ich auch einschlägige Erfahrung, keine schlechte, aber teure. Darum frage ich sie nach dem Weg zu einer Nachbarortschaft, in deren Richtung laut Karte die Herberge liegen müsste.

Tatsächlich finde ich an dem Radweg, der ein gutes Stück aus dem Städtchen hinausführt, ein Jugendherbergsschild. Das zeigt eindeutig nach links in eine Ansammlung von Gebäuden. Für mich sieht das aus wie ein altehrwürdiges Landgut mit einer billigen flachen Schulbaracke mitten im Park. Aber ich erkenne auf Anhieb nichts, was wie eine Herberge oder eine Rezeption aussieht.

Ob das Ganze zurzeit bewohnt ist, kann ich nicht auf den ersten Blick feststellen. Verwahrlost sieht es nicht aus, aber Menschen sehe ich auch keine. Vielleicht muss ich an ein anderes Ende des Geländes, oder ich habe einen Betriebsfeiertag erwischt, oder die Jugendherberge gibt es seit kurzem nicht mehr, oder die Anmeldung ist sonst wo, und hierher wird man halt im Bedarfsfall geführt, oder da zurzeit wenig los ist und niemand erwartet wird, hält es niemand für nötig, vor Ort zu sein. Oder die Herberge ist nur für vorangemeldete Gruppen gedacht und heute ist keine Gruppe da. Das sind so die üblichen Varianten, die ich im Laufe der letzten achtzehn Jahre kennengelernt habe.

Vielleicht finde ich einen Hinweis, wenn ich mir das Gelände näher anschaue, und vor allem die Gebäude, bevorzugt die Fenster und die gläsernen Türen. Auf den ersten Blick wirkt das Gelände übersichtlich, so dass ich keine Überraschung erwarte.

Fast aus dem Nichts taucht ein junger Mann auf, sechzehn bis achtzehn Jahre, sportlich schlank und dunkelhaarig. Vor allem spricht er sehr gut Englisch.

Ob das die Jugendherberge sei? Schon, aber wie man als Einzelwanderer hier unterkommt, weiß er nicht. Er ist mit einer Gruppe hier, die im benachbarten Nationalpark arbeitet. Er verspricht mir, dafür zu sorgen, dass ich, falls es irgendwie möglich ist, hier unterkomme. Warte hier, ich kümmere mich drum.

Noch wirkt es so, als ob wir die einzigen Menschen auf dem Gelände wären. Hinter den großen Fenstern, die praktisch die ganze Front des Flachbaus ausmachen, der wohl die Jugendherberge ist, erkenne ich keine Bewegung.

Zumindest scheint sich der Junge hier auszukennen. In wenigen Minuten werde ich wissen, ob ich hier übernachten kann. Ich nehme ein paar Schluck Wasser und warte ab. Irgendwie schauen mir die Räume in dem Gebäude immer noch zu dunkel aus.

Mein Guide kommt zurück. Ich habe eine gute Nachricht: Du kannst hier bleiben. Er zeigt auf ein Fenster, hinter dem inzwischen eine Person zu sehen ist. Mit diesem Mann musst du die Formalitäten abklären. Er führt mich in das Gebäude, das nur aus Glas, Spanplatten und Gips zu bestehen scheint.

Der Portier, Herbergsvater oder was auch immer, ein leicht untersetzter Mann um die fünfzig, lässt uns von seinem gläsernen Büro aus ein wenig warten und bittet mich dann, in einem Stück der Polstermöbelsammlung Platz zu nehmen, die im und um das Büro herum zwanglos verteilt ist, und dem spartanischen Zweckbau

Polen

doch etwas gemütliches gibt. Ich habe den Eindruck, dass er meinen Begleiter missbilligend oder misstrauisch anschaut, während er ihn wegschickt. Das kann aber auch täuschen. Vielleicht irritiert ihn der trockene Humor des Jugendlichen.

Inzwischen trudeln immer mehr meist junge Leute in dem soeben noch menschenleeren Gebäude ein.

Nachdem ich meine Personalien angegeben und meinen Jugendherbergsausweis vorgezeigt habe, darf ich mein Rad in mein Zimmer bringen. Obwohl das Gebäude keine drei Meter hoch ist, gibt es Stufen. Der Junge von vorhin hilft mir, meinen voll bepackten fahrbaren Untersatz diese hochzuwuchten, und staunt über das hohe Gewicht. Vermutlich ist es tatsächlich überladen, zumindest mit Wasser und Proviant. Beim Aufbruch in München hatte ich ja wirklich Mühe, das voll bepackte Teil drei Stockwerke die Treppen hinunter zu schleppen. Das lag zwar auch an der zum Tragen etwas unhandlichen Geometrie, aber nicht zuletzt am Gewicht. Ersatzteile, Werkzeug und Winterkleidung wiegen einfach. Vor allem das Werkzeug ist sehr, sehr schwer, besonders zusammen mit der Ersatzkette. Die musste ich aus fast drei normalen Ketten zusammenstückeln. Und auch mein Notbiwak, ein robuster gummierter Fahrradponcho, wiegt mehrere hundert Gramm. Ich hoffe zwar, dass ich einiges nicht brauchen werde, aber ich weiß nicht, was. Vielleicht sollte ich wenigstens die Zusammensetzung meiner Werkzeuge überarbeiten.

Der Junge fragt, ob er einmal mit meinem Rad fahren dürfe.

Wieso nicht? Ich verspreche, dass ich gleich wiederkommen werde, sobald das Rad vom Gepäck befreit ist. Das Zimmer ist schlicht wie erwartet, drei Herbergsbetten, ein Tisch, ein Stuhl und ein Schrank. Das Gepäck findet schnell auf dem Stuhl und im Schrank Platz. Während ich das unbeladene Rad unter dem fast melancholischen, vermutlich berufsbedingt sorgenvollen Blick des Herbergsvaters in Richtung Hof schiebe, stellt mir mein erwartungsvoller Guide unter vier Augen eine Frage, die er womöglich rhetorisch meint: Wie ist das

Hazard Bike

Ding zu fahren, schwierig oder einfach - hard or easy? Schwer, am Anfang schwer. Er bedankt sich für die ehrliche Antwort.

Die vorsichtige Frage kommt wohl daher, dass er im Gegensatz zu mir weiß, dass wir die Fahrstunde nicht allein haben werden. Seine Kumpels, die inzwischen eingetroffen sind, warten bereits auf uns. Schwierig sagst du? Ja, vermutlich.

Die Jungs werden außerdem erschwerte Bedingungen haben:

Die Wege in dem Park sind recht verwinkelt, und es gibt immer wieder Pfosten, die wohl Autos am Befahren hindern sollen. Für die ersten Versuche wäre aber ausreichend Platz ohne Hindernisse nicht schlecht, weil der Schwerpunkt ein klein wenig anders ist als auf einem anderen Rad, und man schon einige Minuten, sprich ein paar Kilometer brauchen kann, bis man das Gefährt ohne größere Schlenker vorwärts bewegt.

Selber hatte ich beim Probefahren mit meinem Rad mehr als einen Kilometer gebraucht, bis ich die Maschine halbwegs sicher am Straßenrand halten konnte. Sobald ein Auto in der Nähe war, habe ich vorsichtshalber angehalten, weil ich zwischendurch doch schon mal die ganze Straßenbreite für einen Ausgleichsschwenk gebraucht habe. Hier gibt es gut befestigte, aber schmale und in relativ spitzen Winkeln zueinander angeordnete Wegstrecken, die zum Teil nicht einmal fünfzig Meter lang sind, also praktisch nichts zum Geradeausfahren, sondern alle paar Pedalumdrehungen eine enge Kurve.

Dazu kommt, dass zum Beispiel das Ende der Startstrecke mit Pfosten und Blumenkübeln begrenzt ist. Sicher ist dazwischen genug Platz zum Durchfahren, aber es bleibt nicht viel Spiel. Eineinhalb Lenkerbreiten können sehr eng aussehen, wenn man sich erst mit den Feinheiten der Balance bei einem ungewohnten Schwerpunkt vertraut machen muss.

Die Jungs haben also eineinhalb Meter Wegbreite zur Verfügung, und nach fünfzig Metern kommt ein Nadelöhr, nach dem man sofort eine scharfe Kurve auf einen kaum breiteren Weg einschlagen muss. Eigentlich müsste man also bereits vor dem Nadelöhr beginnen, die Kurve anzuschneiden. Mal schauen, wer überhaupt so weit kommt.

Ich darf eine Demoschleife drehen. Dabei schlängle ich mich bis zu einer größeren Pflasterfläche durch, wende dort und fahre zurück. Ich bezweifle, dass jemand ohne Übung mit diesem Rad so enge Kurven fahren kann. Auf eine öffentliche Verkehrsfläche zu gehen, ist mir aber entschieden zu riskant.

Ich versuche, zu erklären, wie man am besten losfährt: So, wie ich es von meinem Fahrradhändler gelernt habe: sich stabil in den Sitz lehnen, die Pedale in eine günstige Position bringen, und mit einem kräftigen ersten Tritt dem Rad schon einmal so viel Fahrt geben, dass man genug Zeit hat, den zweiten Fuß in Position zu bringen und damit zu treten.

Mein Guide macht den ersten Versuch, natürlich ohne meine Ratschläge zu berücksichtigen, und versucht, mit einer Anschiebhilfe zu starten: Einer schiebt, während der Fahrer zaghaft zu treten versucht, und nachdem der Helfer losgelassen hat, erschrocken die Beine auf den Boden stellt und anhalten muss.

Ein weiteres Problem sind augenscheinlich die zu kurzen Beine der meisten der jungen Radler. Natürlich lässt sich die Rahmenlänge des Rads einstellen, aber das ginge mir zu weit. Außerdem wäre dann womöglich die Kette zu lang.

Aus der Truppe haben nur wenige die passende Länge, und von denen wagen sich nur drei auf das Rad. Keiner davon hört auf mich, alle lassen sich anschieben. Die anderen lassen sich von den Misserfolgen der Kameraden abschrecken. Einen zweiten Versuch wagt zu meiner Verwunderung auch keiner. Die geben sich tatsächlich geschlagen. Das enttäuscht mich schon ein wenig, aber schließlich ging es nur um ein wenig Spaß.

Einer der Testpiloten erzählt mir von einem Urlaub an der Ostsee. Dort gab es am Strand einen Schausteller mit einem recht verbogenen Rad. Der Mann bot demjenigen, der es schaffen würde, eine bestimmte Strecke weit zu fahren, Geld an. Viele haben es versucht, keiner hat es geschafft.

Hazard Bike - Unfallrad, wörtlich übersetzt Katastrophenrad - heißt der verbogene Drahtesel. Und damit vergleicht der freche Mensch meinen technisch und ästhetisch hochwertigen fahrbaren Untersatz!

Der Junge, der mich in die Jugendherberge gebracht hatte, erklärt mir nachher noch kurz ganz vertraulich, dass alle, die sich an dem Rad versucht hätten, Mitglieder eines Radsportclubs in Poznan seien.

Gut, auf einer größeren Asphaltfläche hätten es alle geschafft. Aber das muss ich ihnen nicht erzählen.

Speichenkiller, Großstädte und ein Interview

In den nächsten Tagen peile ich nach Karte und Gefühl die polnisch-litauische Grenze an. Wo ich auf meiner Reise hin will, weiß ich: nach Tallinn, und wenn möglich ans Nordkap. Aber welchen Weg ich genau nehmen werde, entscheide ich kurzfristig. Ich brauche für mein Rad einen festen Untergrund, will aber nicht allzu viel Benzinduft und Autoverkehr haben. In dem Streifen von Polen, den ich durchquere, schaut die Lage diesbezüglich so aus:

Streckenweise sehe ich sogar ausgewiesene Radwege. Die schauen aber allesamt kaum befestigt aus, im besten Fall festgefahrener roter Sand. Da käme ich mit meinem Liegerad nicht weit, würde immer wieder wegrutschen oder mich mit meinen schmalen harten Reifen in die Straße eingraben.

Daher bleibe ich auf Fahrstraßen, die auf meiner relativ groben Straßenkarte eingezeichnet sind. Dabei orientiere ich mich neben der Richtung auch an der Farbe auf der Karte: Gelb sticht. Das sind -

Polen

meistens - weniger stark befahrene Nebenstraßen. Die sind in einem ganz passablen Zustand, so dass man als Radfahrer den schadhaften Stellen gut ausweichen kann. Günstig ist auch, dass der Weg meistens durch Wald oder Alleen führt, also angenehm schattig ist. Zwar sind die Straßen oft schmal, so dass Überholmanöver bei Gegenverkehr wenig Platz für einen Radfahrer lassen würden, aber der Verkehr hält sich in Grenzen.

Anders sieht es bei den in der Karte rot eingezeichneten Hauptstraßen aus. Die wirken in der Realität nagelneu und werden äußerst rege genutzt, so dass man sie von weitem hört und sogar riecht. Das will ich meiner Lunge, den Autofahrern und meinen Nerven nicht antun, weshalb ich meine Strecke bewusst quer zu den Hauptstraßen wähle, auch wenn ich dadurch manchmal weiter fahren muss, als nötig wäre. Die Teilstrecken, die ich trotzdem auf so einer Hauptstrecke zurücklege, bestätigen mich in dieser Strategie.

Das Queren der Hauptstraßen gestaltet sich nahezu abenteuerlich. Erstens ist der Verkehr darauf entweder so dicht oder so schnell, dass man Geduld braucht, um eine passende ausreichende Lücke abzuwarten. Zweitens liegen die Trassen der Hauptstraßen einen Meter höher als die der Nebenstrecken, und für den Ausgleich des Höhenunterschieds wurde nicht viel Material verwendet, so dass die letzten Meter zur Hauptstraße sehr steil sind. Wegen des Verkehrs kann ich diese Rampen nicht mit Schwung nehmen, sondern muss, um eine Lücke und keinen Kühlergrill zu erwischen, warten und im geeigneten Moment möglichst zügig auf und über die Fahrbahn. Dank langjährigen Trainings habe ich einen recht kraftvollen dynamischen Antritt, so dass ich tatsächlich schnell über die Straße komme. Leider hat das gelegentlich Nebenwirkungen: Bei starker Beschleunigung verwindet sich das Antriebsrad, was die Speichen enorm belastet. Pling. Das Speichenproblem vom ersten Reisetag hat mich eingeholt. Wenn man nicht alles selber macht... Bisweilen reißen auch zwei Speichen gleichzeitig während einer Straßenüberquerung.

Speichenkiller, Großstädte und ein Interview

Gut, ich habe Urlaub und damit Zeit. Aber da ein Speichenriss ansonsten eher selten vorkommt, habe ich nur wenige Ersatzspeichen dabei. Notfalls kann man aber ein Rad auch mit fehlenden Speichen einigermaßen ordentlich zentrieren. Da ich Scheibenbremsen habe, muss ich keine Rücksicht auf Bremsbacken nehmen, und könnte einen etwas eiernden Lauf tolerieren.

Weil ich mich nicht für ein Quartier in einem Straßendorf entscheiden kann, gibt es eine Nachtfahrt in die Großstadt Bydgoszcz. Bei einem extra tiefen Schlagloch in einer mäßig beleuchteten Gasse haut es eine Packtasche runter. Nach einer satten Tagestour rinnt kräftig der Schweiß, als ich versuche, die Befestigungshaken mit roher Gewalt unter das Gepäck zum und über den Gepäckträger zu drücken. Entladen und frisch aufladen wäre einfacher gewesen. Ich hatte nur befürchtet, dass ich in der spärlichen Beleuchtung in der düsteren Straße das eine oder andere Teil übersehen würde. Bei der nächsten Tour werde ich das Verstauen des Gepäcks besser organisieren.

Am Ende der Straße muss ich nur noch ein paar hundert Meter nach rechts, und schon stehe ich vor einem rußschwarzen Haus mit einer verschlossenen Stahltür, neben der dezent ein Wappen des Internationalen Jugendherbergswerks angebracht ist. Ich klingle. Die Rezeption im ersten Stock sieht man von der hohen Eingangshalle aus, die gleichzeitig ein großzügiges Treppenhaus ist. Es gibt noch freie Betten. Ich bekomme ein Einzelzimmer im zweiten Stock für sechzig Zloty, um die fünfzehn Euro. Das Rad darf ich die Treppe hoch aufs Zimmer schleppen. Mein Gepäck muss ich tatsächlich beim nächsten Mal optimieren. Zehn Kilo weniger müssen möglich sein. Das Rad mit angeblich siebzehn Kilo, das ich als letztes die breiten, abgelaufenen knarzenden Holztreppen hochtrage, wirkt dagegen federleicht.

In meinem Zimmer finde ich nur Sofas vor, aber kein Bett. Eines der Sofas ziehe ich in Bettform und breite meinen Schlafsack darauf aus. Das Bettzeug im Bettkasten darunter werde ich erst am nächsten Morgen entdecken. Nach einer Dusche ist es bereits nach zehn Uhr.

Polen

Die Herberge ist bis elf geöffnet. Ich gehe trotzdem noch raus. Vielleicht finde ich irgendwo etwas zu Essen. Die Restaurants im nächsten Umkreis haben entweder bereits geschlossen, oder nur noch Minuten bis Feierabend. Auf Durchreise sollte man Gasthöfe Hotels und Jugendherbergen vorziehen, wenn man Wert auf ein warmes, von anderen Leuten gekochtes Abendessen legt. Andererseits könnte man ja einfach früher losfahren und früher nach einer Unterkunft suchen.

Einzelne Geschäfte mit Zeitschriften und Kleinkram haben noch auf. Ich kaufe mir Knabberzeug und zwei Fläschchen Bier. Kurz vor der Sperrstunde der Herberge und dem Feierabend der Frau an der Rezeption bin ich wieder zu Hause.

Ich gebe zu, dass ich recht oberflächlich auf Durchreise, und statt auf „Land und Leute" eher auf „Nordkap" fixiert bin. Aber mir ist bewusst, dass auf dem Weg von meiner Mietwohnung bis zu diesem Punkt Menschen wohnen. Auf einige davon bin ich sogar angewiesen, zum Beispiel auf die, die mir Sachen verkaufen, die ich für meine Reise brauche, zum Beispiel Lebensmittel. Dafür verlasse ich sogar die Land- und Hauptstraßen und wage mich in die Nebenstraßen unbekannter fremder Städte.

Als ich auf dem Weg zurück zu einer Hauptstraße bin, spricht mich ein mittelgroßer sportlicher Mann an, der etwas von einem Seemann hat und mit einem kleinen Jungen unterwegs ist, sicher seinem Sohn. Er schwafelt von Preisen, Reichtum und was auch immer. Er wirkt aggressiv und unverschämt. Deutsch könne er nicht außer Heil Hitler. Das habe ich in diesem Land schon einmal gehört. Vor allem möchte er ein paar Zloty für ein Bier und den Eintritt ins Schwimmbad mit seinem Sohn. Ich bin froh, dass die meisten Leute hier freundlicher sind, oder zumindest zurückhaltender.

Als ich den Ort verlassen habe, muss ich erst einmal auf eine Umgehungsstraße, die recht hoch über der Stadt vorbeiführt. Dass ich an dieser Steigung eher langsam bin, nutzt ein junger Mann, der mir etwas schüchtern erzählt, er sei von der Tageszeitung, und fragt, ob ich einem Interview zustimme.

Wir sind von der Tageszeitung Olzstin und haben Sie mit Ihrem modernen Fahrrad gesehen...

Das Tempo hat urplötzlich gewechselt. Unvermittelt ist ein mittelgroßer untersetzter Mann mit seinem Auto angekommen und übernimmt das Interview. Auch er hat ein Diktiergerät - oder modernes Handy mit Aufnahmefunktion. Außerdem spricht er recht flüssig Deutsch. Seine Interviewtechnik ist wesentlich Zeit sparender. Er stellt eine Frage und wartet die ersten Silben der Antwort ab. Daraus erkennt er vermutlich eine Tendenz und rät, worauf ich hinaus will. Er formuliert einen möglichen Antwortsatz und wartet, ob ich diesem zustimme. Genauer: Wenn ich nicht schnell genug widerspreche, ist er schon beim nächsten Thema. So muss er später beim Erstellen des Artikels nur seine vorformulierten Antworten abtippen lassen und erspart es sich, mein unprofessionelles Gestammel übersetzen zu müssen.

Urlaubs- und Liegeradler

Polen hat im Norden sehr viele Seen, und soll skandinavisch viele Mücken haben. Ich fahre nicht ganz im Norden, weil ich mich ja ohne Visum südlich der russischen Grenze um Königsberg herum halten muss, wenn ich einigermaßen direkt Litauen anpeile. Vereinzelt erreiche ich aber auch einen der Seen, und füttere ein paar Mücken. Sobald es Seen gibt, treffe ich auch Radfahrer an, vorwiegend deutsche. Masuren muss in Mode sein.

In einer solchen Region, in Kętrzyn, gehe ich einmal zeitig auf Herbergssuche, nachdem ich eingesehen habe, dass die Landschaft dahinter in meiner Richtung recht einsam zu werden verspricht. Wenige Kilometer nordwärts dagegen wäre die Wolfsschanze, eine große

Polen

Bunkeranlage Hitlers, heute eine als „Mahnmal" etikettierte Touristenattraktion.

Ich finde ein modern aussehendes Hotel und sehe zu meiner Überraschung unter den Plaketten, mit denen das Hotel an der Eingangstür wirbt, einen Aufkleber, der das Etablissement als Radfahrerhotel ausweist. Allerdings ist es voll. Der Mann an der Rezeption schickt mich zu einem Hotel am anderen Stadtrand, wo fast nur laute deutsche Radfahrer untergebracht sind, wie ich beim Abendessen feststelle, und ebenso deutsche Radler, die sich über deren Lärm beschweren. Nur drei der Gäste sind Motorradfahrer aus Frankreich, die auf Sternfahrt zu einem Bikertreff in Lettland unterwegs sind.

Die lärmempfindlichen Radler sitzen am Nachbartisch, und ich bekomme mit, dass die Wortführerin sich zum Ziel gesetzt hat, alle wesentlichen historischen Orte auf dem Weg zu besuchen. Sie zählt in einem deutlich hämischen Ton eine lange Liste der Sachen auf, die der großen Gruppe vorenthalten wurde.

Offensichtlich gibt es hier so viel zu sehen, dass man, wenn man nichts versäumen möchte, besser zu Fuß gehen sollte. Der Norden Polens, Pommern und Masuren, ist offensichtlich für den Fremdenverkehr besonders gut erschlossen, seit einigen Jahren auch für Radtouristen. Einer der Gründe ist, dass der Landstrich recht attraktiv ist, mit vielen Seen, viel Platz und Grün, und mit Unmengen von historischen Stätten, die man besichtigen und abhaken kann, aber auch mit Orten der Erinnerung, zum Beispiel für Menschen, die ihre Wurzeln in der Region haben und einen Blick in ihre Geschichte oder die Geschichten ihrer Eltern oder Großeltern werfen wollen.

Selber habe ich an diesen Ort ein anderes Anliegen: Ich brauche neue Ersatzspeichen, da die alten aufgebraucht sind und schon wieder eine gebrochen ist. Nach dem Frühstück frage ich beim Personal um Rat.

Der Hotelier weist mir den Weg zu einem Fahrrad,- Spiel- und Freizeitwarengeschäft im Ort. Ich hoffe, dass ich dort Speichen bekomme, die ein klein wenig länger sind als meine. Als ich dem Verkäufer

Urlaubs- und Liegeradler

eine meiner kaputten Speichen zeige, bittet er mich, das Rad sehen zu dürfen. Er schaut sich die Sache an und gibt mir tatsächlich etwas längere Speichen, ohne dass ich fragen hätte müssen. Vermutlich hat der Mann den gleichen Verdacht wie ich: Praktisch alle kaputten Speichen sind am Gewinde gebrochen, an der Stelle, an der das Gewinde des Nippels aufhört. Ich nehme an, das wäre möglicherweise nicht passiert, wenn ein größerer Teil des Gewindes im Nippel verschraubt wäre, und damit die Belastung besser verteilt.

An der Kreuzung, an der ich am vorigen Abend in Richtung Stadt umgedreht bin, beschließe ich, auf den Besuch der drei Kilometer entfernten Wolfsschanze zu verzichten. Die Bewunderung der baulichen Leistungen der großen Bösewichte der Vergangenheit halte ich nicht für geeignet, für die Zukunft den Aufstieg unmenschlich handelnder Führungen zu verhindern, die sich mit der Ermordung bestimmter Völkerschichten an der Macht halten. Massive und durchdachte Gebäude in die Landschaft stellen können auch Kräfte mit weniger verbrecherischen Absichten. Die Wurzel dafür, dass Massenmord an anderen Gruppen auftreten kann, liegt doch eher darin, dass Gruppen als anders dargestellt werden, als bedrohlich anders, beziehungsweise dass Unterschiede als Bedrohung verkauft und angenommen werden.

Solange wir uns als Christen, Buddhisten, Moslems, Raucher, Nichtraucher, Juden, Rechtshänder, Europäer, Kaukasier oder sonst was für etwas besonderes halten, kann es psychologisch geschickten Leuten gelingen, bestimmte Gruppen glaubwürdig für höherwertig als andere zu erklären, andere für minderwertig, nutzlos, böse, schädlich oder gefährlich. In schlechten Zeiten, oder was uns dafür verkauft wird, haben wir dann das Recht, nicht so hochwertige Gruppen zu dezimieren. Sobald wir alle uns nur noch als Menschen sehen, kann jeder, der ein Progrom will, mit dem Morden bei sich selbst anfangen. Ein rassistisches Großmaul wie Hitler hätte dann, anstatt sein Buch zu schreiben, gleich Mund und Nase mit einem Schlauch an den Auspuff eines Dieselfahrzeugs mit laufendem Motor anschließen können. Jude, was ist ein Jude? hätte es geheißen.

Polen

Ach ja, so was wie ein Christ, Atheist, Moslem oder so, halt Mitglied einer bestimmten Religion oder Volksgruppe oder Anhänger einer bestimmten Weltanschauung, wie jeder andere auch. Und wenn dieser Hitler sich nicht gleich selber vergast hätte, hätte man ihn halt ausgelacht oder ignoriert, und er wäre als Säufer in der Gosse verreckt. Man muss doch nicht auf jeden hören, der sich wichtig machen will. Wohin so was führt, hat man ja inzwischen oft genug gesehen.

Also lasse ich die Monsterbunker links liegen und fahre geradeaus. Kaum habe ich eine passable Reisegeschwindigkeit erreicht, fällt mir am spärlichen Gegenverkehr etwas auf: ein ziemlich flach dahin rollender Liegeradfahrer. Coole Maschine. Erst halte ich das Teil für einen silbernen Baron, aber das Ding ist eindeutig ein besonders sportlicher Eigenbau. Der Fahrer, mittelgroß, schlank und irgendwo in den Zwanzigern, ist ebenfalls sehr amüsiert über die Begegnung. Interessantes Rad. Deines auch. Ich halte ihn für einen Polen, bin mir aber nicht ganz sicher. Jedenfalls verstehe ich kein Wort von ihm, und er von mir auch nicht. Oder habe ich Marjampolje herausgehört? Das wäre in Litauen. Irgendwas mit Maria? Polen ist ziemlich katholisch und hat bestimmt dutzende von Orten mit Maria im Namen. Wir unterhalten uns mit Händen und Füßen. Zwischen uns fallen praktisch keine Worte außer Ortsnamen. Er fährt quer durch Polen und ist unterwegs in Richtung Danzig.

Der silbergrau lackierte Rahmen seiner Maschine schaut extrem durchdacht aus, mit ovalem Querschnitt und an den Enden deutlich dünner als in der Mitte. Dagegen wirkt meiner wie ein Heizungsrohr. Eigenbau, betont der Fahrer. Sieht der Rahmen nach der aerodynamisch und statisch genau ausgetüftelten Arbeit eines Ingenieur-Studenten aus, wirkt die restliche Maschine streng minimalistisch und ziemlich improvisiert. Das Hinterrad ist eindeutig von einem Straßenrenner, die Herkunft des Vorderrads, auf dessen Beschaffung er offensichtlich recht stolz ist, habe ich nicht so recht verstanden. Dem Aussehen nach könnte es von einem Mofa sein. Auf jeden Fall sind Reifen und Felge des kleinen Laufrads etwa dreimal so breit als

Urlaubs- und Liegeradler

beim zierlichen Hinterrad. Da er keine Federung hat, und doch hier und da ein Schlagloch oder sehr grob reparierte Straßenabschnitte auftauchen können, ist diese Breite sicher sinnvoll. Ich vermute, dass er einfach kein anderes Rad dieser Größe auftreiben konnte.

Beim Probesitzen fällt mir der besonders dicke, weiche Sitz auf. Vermutlich ist die Polsterung aus Watte oder Wolle. Da ich eine Bauchtasche trage, und die Maschine einen Deichsellenker hat, also ein mehr zum Fahrer gerichtetes Lenkrohr, habe ich fast Schwierigkeiten, meinen künstlichen Bauch zu verstauen. Aber die Lösung, statt einer Federung einen besonders weichen Sitz zu verwenden, finde ich gar nicht schlecht. Die Wolle wiegt bestimmt um einiges weniger, als eine Federung und die dafür nötigen Gelenke ausmachen würden. Außerdem ist jedes Gelenk, jede Feder und jedes Lager ein Teil, das verschleißt und kaputt gehen kann. Im Laufe dieser Tour werde ich noch weitere Nachteile einer Federung kennenlernen. In diesem Fall kann er sein Rad einfach besonders tief bauen, da er keine Reserve für das Einfedern braucht.

Um nicht übersehen zu werden, hat er zwar keinen Wimpel, aber er spannt über seine Packtaschen eine orange Warnweste. Als Zelt benutzt er eine grüne Plane, die er bei Bedarf zwischen Bäumen aufspannt. Eine solche habe ich auch oft dabei, aber ausgerechnet auf dieser Tour habe ich darauf verzichtet. In den kommenden Wochen werde ich das mehrmals bedauern.

Beim weiteren Vergleich fällt ihm mein Nabendynamo auf. Er hat eine ultraleichte Diodenlampe am Lenker befestigt, gleich neben der Karte, die er auf Notizblockgröße gefaltet in einer Klarsichthülle geschützt an seinen Lenker gebunden oder geklebt hat. Einen Fahrradcomputer hat er auch. Der Kollege hat in etwa die gleiche Tagesleistung wie ich, hundertvierzig Kilometer. Beim weiteren Vergleich fallen ihm meine Scheibenbremsen auf. Selber hat er eine Felgenbremse, eine einzige, wohlgemerkt. Bei so einem rasanten Gefährt zeugt das von einer gewissen Risikobereitschaft. Wegen des Gewichts,

Polen

behauptet er. Vermutlich hat er für das Vorderrad noch nichts passendes gefunden.

Wie schnell meine Maschine läuft? So um die zwanzig. Ich strecke zweimal meine zehn Finger aus und meine natürlich meine Durchschnittsgeschwindigkeit.

Er malt eine Zahl in den Sand: 45

Bald ist jeder wieder in seine Richtung unterwegs.

Störche, Straßen, Sand, Schrammen, Schlagbaum

Viel Platz und Wald hat Polen. In Abständen, in denen in Bayern Dörfer die Straße säumen, sehe ich in Polen einzelne Autos, Bauern oder Pilzesammler. Was mir auch auffällt, sind die vielen Störche. In manchen Gegenden ist jeder vierte Telefonmast von einer Kleinfamilie mit einem Jungen bewohnt, das fast so groß wie die Eltern ist. Einige Telefon- und Strommasten tragen schon gar keine Leitungen mehr, sondern nur noch ein Storchennest. Nett von den Polen, dass sie die bewohnten Masten stehen lassen.

Bisweilen fahre ich doch auf einer Hauptstraße. Hier fällt mir auf, dass das meist gefahrene Auto Fiat 500 ist. Ich hatte gedacht, die wären seit mindestens zehn Jahren ausgestorben. Auch sonst werden eher kleinere Autos gefahren. Man sieht auch größere Wägen. Von denen fahren aber die meisten nicht selbst, sondern werden huckepack auf Autoanhängern transportiert. Das wirkt wie ein Reserveauto auf dem Hänger.

Die Region ziemlich im Nordosten heißt Warmia, oder Warmland. Irgendwo schnappe ich auf, dass das von Armland kommt, armes Land. Davon sieht man jetzt nicht mehr viel. Im Vergleich zum Westen Polens wirkt die Gegend eher reich.

Störche, Straßen, Sand, Schrammen, Schlagbaum

Überhaupt scheint der Wohlstand von Westen nach Osten kontinuierlich anzusteigen. Diesen Eindruck habe ich von den Dörfern und Städten, die ich durchfahre, sowohl vom Zustand der Wohngebäude her, als auch von der Größe und der Zusammensetzung der Gewerbegebiete und der Bauernhöfe. Außerdem verdoppelt sich der Bierpreis schrittweise von der deutschen bis zur litauischen Grenze.

Ich nutze jede Gelegenheit, die Hauptstraße zu verlassen, zum Beispiel wenn es eine Ortsdurchfahrt gibt. Hier komme ich zum Teil sogar schneller voran, weil weniger los ist, und ich nicht meine Hauptkonzentration auf den ausgefransten, mit vielleicht scharfkantigen Fremdkörpern belegten Straßenrand rechts, und dem überholenden Verkehr links von mir richte. Außerdem nutze ich die Ortschaften gerne zum Einkaufen, meistens Wasserflaschen und Lebensmittel. Auf einer der Durchfahrten läuft es besonders gut. Die Straße hat einen makellosen Belag und vermutlich geht es leicht bergab. Jedenfalls erreiche ich am Ende des Dorfs mühelos fünfundvierzig Kilometer pro Stunde und fahre in eine langgezogene Kurve ein, die merklich bergab geht. Wegen des Sands, der hier einen Teil der Fahrbahn bedeckt, beschleunige ich vorsichtshalber aber noch nicht, sondern trete zügig weiter.

Schon habe ich mit meinem Rad die Plätze getauscht. Allerdings rolle ich nicht so gut, sondern schleife bremsend auf dem dünnen Sandbelag, ohne meine Spur zu verlassen. Der Autofahrer, der mich gerade überholt, kann sein Manöver ungehindert fortsetzen.

Das Rad ist offensichtlich tatsächlich größtenteils auf mir zu liegen gekommen, als die unfreiwillige Rutschpartie begonnen hat. Schmerzen spüre ich keine. Das sagt nach einem Unfall nichts aus, aber ich kann problemlos aufstehen. Der Autofahrer von vorhin wendet weiter vorne, fährt zurück und fragt vermutlich, ob alles in Ordnung ist. Da ich schon wieder stehe und mit den Achseln zucke, ist er beruhigt. Tatsächlich scheine ich riesiges Glück gehabt zu haben. Zwei Finger sind ein wenig aufgeschürft und bluten leicht, eine Socke ist am Knöchel zerfetzt. Der Knöchel darunter ist heil, und auch sonst

51

Polen

erkenne ich keinen Kratzer. Sogar die kurze Radhose, auf der ich einige Meter über den Asphalt geschrammt bin, ist noch heil.

Am Rad bemerkt man tiefe Schrammen am Lenker und an einem Bremshebel, ansonsten wirkt es wie neu. Der Lenker ist gleich wieder richtig ausgerichtet. Am Gepäck bemerke ich keine Schäden. Gäbe es nicht die Blessuren am Lenker und an den Fingern, hielte ich den Sturz für einen Alptraum. Ich fahre weiter.

In Suwałki mache ich in einem Hotel Station. Die Übernachtung ist mit fast fünfzig Euro nicht ganz billig, und das Bier kostet fünf Zloty, zweieinhalb mal so viel wie am anderen Ende Polens, an der deutschen Grenze. Auch das bestätigt meinen Eindruck, dass in Polen der Osten reicher sein muss als der Westen.

Von Suwałki zur litauischen Grenze geht es vorwiegend leicht bergab. Sogar in Regenkleidung kann man hier richtig Fahrt machen. Zusammen mit einem anderen Radfahrer rase ich auf der gut ausgebauten elegant geschwungenen Straße zur Grenze. In einem Gemischtwarenladen kurz vor dem Schlagbaum werden wir noch ein paar Zloty los. Wer weiß, was man in Litauen einkaufen kann.

Als wir an der Grenze Schlange stehen, erzählt uns ein Autofahrer, dass er auf dem Heimweg nach Finnland ist, nach Tampere. Wenn so weit alles gut geht, bin ich da in etwa zwei Wochen auch.

An dieser Grenze, die in meiner Vorstellung vor kurzem noch finsterster Ostblock war, für eine Urlaubsreise undenkbar, hier brauche ich nur kurz meinen Personalausweis vorzulegen und kann weiterfahren.

Baltikum

Litauen

Wie in einer Zwischenwelt

Auf der litauischen Seite der Grenze gehen wir zu einem Geldwechsler. Hier tausche ich erst einmal meine Zloty in Litar um. Dann stellt sich die Frage, wie viele Euro ich umtauschen sollte. Ich weiß nicht, ob ich einmal oder zweimal in diesem Land übernachten werde, und habe auch keine Ahnung, wo, und erst recht nicht, wie viel das kosten wird. Genauso wenig weiß ich, welche Ausgaben ich für Essen haben werde, und ob es schwierig wird, unterwegs Geld zu wechseln oder abzuheben, oder mit Euro oder mit Kreditkarte zu bezahlen. Ich habe keine Ahnung mehr, wie viel ich getauscht habe.

Bald fängt es wieder einmal an, zu regnen, und der Regen wird bis zur ersten Ortschaft immer stärker. Viel scheint hier nicht geboten zu sein. Ein dezentes aber offiziell anmutendes Verkehrsschild mit einer Kaffeetasse unter dem Wegweiser nach Marjampolje deutet darauf hin, dass in der Nähe ein Café sein muss, bei der nächsten Abzweigung nach links. Auf den ersten Blick sehen wir in der betroffenen Straße kein Schild und kein Café und beschließen, erst einmal am Busbahnhof anzuhalten. Hier gibt es ein großes schützendes Dach.

Die Leute nehmen augenscheinlich erst einmal keinerlei Notiz von uns. Vermutlich würde es mangels Sprachkenntnissen auch nichts bringen, jemanden etwas zu fragen. Wir sitzen eine Weile inmitten einer wartenden Menschenmenge bei strömendem Regen in einer fremden Stadt an einer Bushaltestelle und können kein Wort der einheimischen Sprache, haben keine Ahnung, was in der nächsten Stunde passieren wird. Der einzige, der sich aktiv mit uns befasst, ist ein junger Mann, der eine Art Dorfdepp zu sein scheint. Auf eine debile Art und Weise fragt er mit eindeutigen Gesten, ob wir nach Weibern Ausschau halten.

Das kann ja heiter werden hier, meint mein Radfahrerkollege.

Nach ein paar Blicken auf die Karte beschließen wir, kurz zu schauen, ob wir das Café nicht doch noch finden, und dann entweder dort hineinzugehen, oder unsere Reise fortzusetzen.

Nach fünfzig Metern auf der rechten Seite sehen wir eine Tür, die offen steht und zu einem Laden gehören könnte.

Die Frau an der Kasse zeigt auf eine Treppe, die nach unten führt.

Wir finden dort einen sehr schlichten mit Tischen und Stühlen ausgestatteten Raum vor, der mehr oder weniger in hellrot gehalten ist. Dort lassen wir uns je ein heißes Getränk servieren und unterhalten uns über unsere Reiseziele und die bisherige Fahrt. Der Kollege, dessen Vorfahren einst über die Kurische Nehrung geflohen sind, und vorher an der litauischen Küste gelebt haben, möchte die Region besuchen, die Orte anschauen, von denen seine Großeltern erzählt haben.

Eine Fahrt auf der Nehrung, einem schmalen Stück Land, einem natürlichen Damm zwischen Ostsee und Haff, muss faszinierend sein, so dass einige extra deswegen dort hinreisen. Pikant ist, dass mitten auf dem Damm eine Grenze zwischen Litauen und Russland ist, man also ohne Visum nur einen Teil der Strecke befahren darf. Für einen Eindruck müsste es reichen, aber ich will nach Finnland. Ich lasse auf einer Reise oft Höhepunkte aus, um einen Grund für eine Rückkehr zu haben.

Der Radfahrerkollege kann nicht glauben, dass ich kaum Mücken begegnet bin. Vielleicht liegt das an meiner etwas südlicheren und

Litauen

damit weniger seenreichen Route, oder an meinem hohen Tempo, das den hungrigsten Moskito abhängt, oder an der Schweiß-und Staubschicht, die ich nach wenigen Straßenkilometer überzuziehen pflege, und die vielleicht einige Insekten von meiner Haut fern hält oder am Stechen hindert.

Beim Gehen bemerken wir, dass es hier unten noch einen Gastraum gibt, der wesentlich besser besucht ist, einen dunkleren Raum, der wie eine Grotte gestaltet ist, deutlich gemütlicher, aber recht laut beschallt. Drüben konnte man sich wenigstens besser unterhalten.

Bald nach der Ortschaft trennen sich unsere Wege schon wieder. Der Kollege fährt an die Küste, meine Route führt ab jetzt ein paar hundert Kilometer weit nach Norden, immer die sogenannte Via Baltica entlang, eine Aneinanderreihung von Hauptstraßen in Nord-Süd-Richtung mit der Bezeichnung E67. Hauptstraßen fahre ich wie erwähnt ungern, aber wenn ich zügig nach Tallinn kommen will, wird mir nicht viel anderes übrig bleiben.

Die Via Baltica zeigt sich in Natur als eine einfache alte Landstraße, oft sogar ohne Fahrbahnmarkierungen, die meistens nicht einmal stark befahren ist. In der Nähe der wenigen größeren Städte sieht das natürlich anders aus.

Zu dieser Straße gibt es sehr wenige Alternativen. Viele Nebenstraßen sind nicht asphaltiert. Einmal versuche ich trotzdem einen Abstecher abseits der Magistrale. Die ordentlich aufgereihten hölzernen Bauernhäuschen, die ich so zu sehen bekomme, sind sämtlich sehr einfach, fast ärmlich, aber gut in Schuss. Alles wirkt sehr aufgeräumt. Das kann auch daran liegen, dass es wenig gibt, was Unordnung machen kann, aber auch, dass die Häuser in Reih und Glied angeordnet sind, kilometerweit zwischen den Feldern, entlang der Feldwege. Die sind anfangs gut befestigt, werden aber immer sandiger und steiniger, je weiter man sich von der Hauptstraße entfernt. Autos sieht man schon, aber nur ganz vereinzelt. Pferde sind häufiger. Ich fühle mich wie in einem Museum der Zeit vor der Mechanisierung. So ähnlich muss es in Mitteleuropa vor 200 Jahren ausgese-

Baltikum

hen haben. Als der Karrenweg immer gröber wird, peile ich wieder zurück zur Hauptstraße.

Als ich auf Kaunas zusteuere, verspüre ich keine Lust, mich mit der Metropole auseinanderzusetzen und versuche, drum herum zu fahren. Kurz vor dem Ortskern geht nach links eine Umgehungsstraße weg, oder was ich dafür halte. Bald setzen sich zwei Jungs, die zusammen auf einem Mofa fahren, neben mich, und schreien auf Englisch, wo ich hin wolle. Ich nenne eine Ortschaft, die nördlich von Kaunas liegt. Die beiden verstehen nichts und wiederholen die Frage im gleichen Tonfall, der mir nicht höflich vorkommt, eher herrisch, wie von einem Polizisten, der jemanden, den er auf frischer Tat ertappt hat, zur Rede stellt. Dabei bin ich mir sicher, dass ich auf dem richtigen Weg bin. Ein roter Mittelklassewagen mit einem jüngeren Pärchen als Insassen hält kurz an. Die Fahrerin, eine hübsche Blondine, fragt in bestem Englisch, ob sie etwas helfen könne. Ich nenne mein nächstes Ziel, und sie erklärt mir kurz, dass ich nur weiterfahren müsse, am Ende der Straße nach links abbiegen, und dann gleich wieder rechts und dann immer geradeaus. Ich bedanke mich und fahre weiter. Die Jungs folgen mir auch weiter. Jetzt haben sie ein Anliegen. Give me money, money. Gib mir Geld. Auf dem Ohr bin ich taub. Wenn ich ihnen was gebe, passen sie künftig jeden Fremden ab. Give me money money. Die Bengel nerven.

Ich trete etwas stärker in die Pedale. Mit zwei Passagieren ist das Mofa gut ausgelastet, so dass mein Antritt sogar bergauf ausreicht, um ein wenig Abstand zu gewinnen. Die beiden wollen noch nicht aufgeben. Ich bin aber noch lange nicht am Limit und weiß aus eigener schiebender und bei Bauern um Sprit bettelnder Erfahrung, dass die Tankfüllung von so einem kleinen Mofa nur begrenzt ist. Zügig aber ohne Hast halte ich den Abstand. Auf flachen Streckenabschnitten und bergab kann ich mich ja für die nächste Steigung ausruhen, die beiden Straßenräuber immer im Rückspiegel. Irgendwann geben sie auf und wenden.

Litauen

Ich strample auf einer glatten Asphaltstraße parallel zu einem Fluss in einer vorwiegend bewaldeten Gegend weiter. Laut Karte muss ich demnächst in eine Ortschaft kommen, und einige Kilometer danach zu noch einem Ort und wieder auf die Via Baltica. Das Ganze dürfte kein Umweg sein. Tatsächlich sehe ich bald Häuser, helle, neu wirkende moderne Holzhäuser, wie ich sie in vergleichbarer Lage auch in Deutschland erwarten würde, sauber wie die blitzblanke Straße. Ich jage dahin wie der Wind.

Einige der Häuser scheinen Bewegungsmelder oder eine sonstige Beleuchtungsautomatik zu haben und geben schon Licht, wen ich vorbeifahre. Die starke Bewölkung zieht die Abenddämmerung deutlich vor. Menschen sehe ich keine. Langsam beginnt es zu nieseln und zu regnen. Abrupt geht der Asphaltbelag in festgewalzten Sand und Kies über. Hier ist vermutlich die Straße noch nicht fertig. Die Straßenbreite bleibt. Vermutlich überziehe ich mich gerade kräftig mit Schlamm. So plötzlich der Asphaltbelag verschwunden ist, so unvermittelt fängt er wieder an. Die Ortschaft ist vorbei, es hört zu regnen auf, ich bin wieder zwischen Wald und Wiesen.

Insgeheim hatte ich auf eine Übernachtungsmöglichkeit entlang der Straße gehofft, aber ich finde nichts dergleichen, nicht einmal Läden. Als ich die nächste Ortschaft erreiche, ist es bereits dunkel. Hier fühle ich mich wieder wie nach einer Zeitreise oder in einem Museum. Der Zeitsprung hat während der Unterbrechung der Teerstrecke stattgefunden. Jetzt bin ich in einem Jahrhundert weit vor der Automobilisierung und vor Erfindung der Leuchtreklame und des Schaufensters gelandet. Zumindest Straßenbeleuchtung gibt es schon. Ich bin in keinem verfallenen Geisterdorf. Alles ist bestens gepflegt. Allerdings habe ich die Sperrstunde verpasst, so dass kein Mensch mehr auf der Straße ist. Der Nachtwächter hat mich auf meinem flachen Gefährt wohl übersehen, so dass ich unbehelligt durch die Straßen kurven kann. Das Postsystem und damit das Hotel Post, das man heutzutage in jeder Stadtmitte findet, ist noch nicht erfunden. Sonstige Gasthäuser oder Eckkneipen, wo man nach Unterkunft im Ort fragen könnte, gibt es auch noch nicht. Doch, einige gibt es, man

Baltikum

sieht vereinzelt die Schilder, altmodisch, gemalt oder geschmiedet, unbeleuchtet, und schöne, massive geschlossene Holztüren.

Es gibt doch ein beleuchtetes Schild, ein internationales großes I auf blauem Grund, leider ohne eine für mich momentan brauchbare Information.

Ich bin also nicht in der Vergangenheit, sondern in einem Museum. Ausstellungsstück ist eine Stadt aus der Zeit vor der Industrialisierung. Die Straßenbeleuchtung ist aber vermutlich elektrisch. Nützt mir alles nichts, ich bin müde. Nach ein paar Runden durch die Museumsstadt fahre ich weiter in eine Richtung, die ich für Norden halte. Die Ortschaft ist größer als der museale Kern. Die Vororte sind aber auch nicht belebter.

Ein Gebäude fällt mir auf, wegen einer offenen Tür, aus der Licht fällt. Ich werfe im Vorbeifahren einen Blick hinein und halte es für einen Gemischtwarenladen mit Ausschankerlaubnis, die ermöglicht, den Laden bis spät in die Nacht offen zu halten. Tatsächlich ist das der einzige Punkt seit Stunden, an dem ich menschliches Leben wahrnehme. Immer wieder kommen und gehen kleine Grüppchen von jungen Leuten, die in Autos unterwegs sind. Ich frage eine dieser Gruppen nach einem Hotel. Es gibt eins, einfach weiter nach Norden, über die Bahngleise, dann nach der nächsten Straße auf der rechten Seite. Ob es noch auf hat, ist eine andere Frage. Ich sollte mich beeilen.

Der besagte Bahnübergang ist bewirtschaftet. Mitten im Ort gibt es ein winziges beleuchtetes Häuschen, in dem eine dickliche Frau die Schranken bedient.

Das Hotel finde ich gleich, aber die Hotelrezeption hat bereits zu. Mir gelingt es auch nicht, noch jemanden zu aktivieren.

Daher fahre ich weiter, bis ich keine Häuser mehr sehe, und suche mir einen durch ein paar Büsche sichtgeschützten Platz. Hier teste ich eine Übernachtungsmethode, bei der ich im Bedarfsfall, falls es zum Beispiel doch richtig regnet, innerhalb einer Minute wieder

Litauen

auf dem Rad wäre. Den Schlafsack lasse ich in der Tasche, der würde sich vermutlich im Laufe der Nacht sowieso nur vollsaugen. Dafür baue ich auf die Stauwärme meiner Regensachen und des Regenponchos. Was nervt, ist nur das ständige Tropfen, das auf meiner Isomatte recht laut aufschlägt.

Baltischer Regen

Am nächsten Tag erreiche ich am frühem Vormittag wieder die Via Baltica und die Stadt Panevėžys. Hier bin ich wieder im modernen Litauen.

So wechselt alt und neu ab, genau wie Natur, Technologie und Architektur zusammenspielen. Zum Beispiel haben die Störche hier ihre Nester weniger auf Telefon- und Strommasten gebaut, sondern mehr in vier oder fünf Meter hohe graue Türme, die man überall in der Landschaft sieht. Und überall, wo frisch gemäht ist, sieht man die großen Vögel über die Wiesen staksen und hin und wieder die Schnäbel zum Boden bewegen. Ob sie Würmer oder eher Frösche und Eidechsen sammeln? Vermutlich alles, was appetitlich aussieht.

Die Via Baltica führt inzwischen oft um Orte herum. Man sieht den kleinen Städten und Dörfern aber noch an, dass sie sich bis zum Bau der Umgehungsstraßen an der Durchfahrtsstraße orientiert hatten. Ich wähle meistens die Durchfahrten. So kann ich wenigstens einen oberflächlichen Eindruck gewinnen.

Die Ortschaften wirken sehr unterschiedlich, die wenigsten so trostlos wie die erste. Einzelne haben einen modernen Ortskern mit gut ausgestatteten Geschäften und Fußgängerzone, der an renovierte deutsche Kleinstädte erinnert. In einer davon bin ich überrascht von einer Selbstbedienungsbäckerei mit zig Brotsorten. In dieser Vielfalt kenne ich das aus Deutschland nicht, schon gar nicht in einer so kleinen Ortschaft.

Die Wolken sehen so aus, dass ich mich sehr wundern würde, wenn ich heute Nachmittag trocken bliebe. Aber solange es geht, lasse

Baltikum

ich die Regensachen in den Packtaschen. Ohne strampelt es sich schneller und man wird nicht so nass vom Schweiß.

Als ich wieder einmal die ersten Tropfen spüre und direkt unter eine gelbschwarze Wolke hinein steuere, und gleichzeitig gut Platz habe, um mein Rad abzustellen, beschließe ich, mich doch umzuziehen. Mein Anorak liegt sowieso obenauf.

Kaum habe ich auch die Hose an, geht die Spülung.

Es gießt derart, dass ich von einem Moment auf den anderen das Gefühl habe, im knöchelhohen Wasser zu stehen, und das auf einer ebenen Asphaltfläche. Sogar einzelne Autofahrer halten an. Die anderen schieben Wasserfontänen vor sich her. Ich stehe zwar zwischen zwei großen Gebäuden, vermutlich Lagerhallen, sehe aber weit und breit kein Vordach, unter dem man Schutz suchen könnte.

Wenn ich stehen bleibe, biete ich dem Regen am wenigsten Trefferfläche, und in der Kleidung können sich kaum Mulden bilden, in denen sich Wasser sammelt. Und wenn kein Wasser durchläuft, staut sich meine Körpertemperatur und ich bleibe warm.

Nach vielleicht einer Viertelstunde hört der Guss noch schneller auf, als er begonnen hatte. Nachdem ich mich ein wenig abtropfen lassen habe, damit nicht unnötig viel Wasser unter die Kleidung läuft, wenn ich mich bewege, schütte ich das Wasser aus meiner Sitzauflage. Diese besteht aus einem Kern aus pyramidenförmig genopptem Schaumgummi, der in einer Nylonhülle verpackt ist, die auf der dem Rücken zugewandten Seite netzartig ist.

Eine trübe, dunkle Soße läuft aus dem löchrigen Kunststoffgewebe. Ich traue mich fast nicht, mich hinzusetzen, weil ich eine Vorahnung von dem nasskalten Rücken habe, den ich bekommen müsste, sobald mein in von Wasser schwere Regensachen gehüllter Körper sich in den vollgesogenen Schaumstoff sinken lässt. Umso angenehmer überrascht bin ich, dass ich mich nicht fühle wie auf einem nassen Schwamm, sondern mein Rücken nach wenigen Minuten angenehm warm ist.

Lettland

Grand Prix und Reiberdatschi

Die Via Baltica ist gerade leicht gewellt und von vielen Wiesen und ein wenig Wald gesäumt. Ortschaften und einzelne Häuser sind rar. Die einzige nennenswerte Ansammlung von Häusern ist die Zollstation, wo ich einfach durchgewunken werde. Wechselstube scheint momentan keine auf zu haben.

Ich sehe sowieso weit und breit nichts, wo ich Geld ausgeben könnte. Wiesen, Felder, Wälder, Meer, ein wenig Strand. Ein Restaurant, das auf der Karte verzeichnet ist, habe ich angepeilt. Das ist aber nicht so wichtig, da ich noch etwas Proviant habe. In der ersten Ortschaft suche ich einen Bankomaten. Wieder stellt sich die Frage, wie viel ich abheben soll. Litar habe ich noch jede Menge übrig. Da ich sowieso vor habe, in einer Ortschaft zu nächtigen, bin ich diesmal zurückhaltender.

Das Restaurant in dem nett modernen Dorf scheint geschlossen zu sein, so dass ich mich gleich wieder auf den Weg mache. Rad fahren ist hier bei schönem Wetter ziemlich stressfrei: Die Anstiege haben nur wenige Höhenmeter, Autos fahren wenige, und die Orientierung ist einfach: Immer auf der Teerstraße nach Norden fahren.

Die für die Übernachtung angepeilte Ortschaft, Bauska, ist auf den ersten Blick eine nette Mischung aus historischen bunten Holzhäusern, gesunder Geschäftigkeit und Gelassenheit. Auch ein Hotel finde ich schnell. Die sehr junge Frau am Empfang spricht bestens Englisch, und ich bekomme ein ordentliches Zimmer. Und im Haus gibt es ein Restaurant. Dort unterhalte ich mich mit einzelnen anderen Ausländern.

Der Mann vom Nachbartisch, ein Student aus den Niederlanden, der so was wie Meeresbiologe werden will, erzählt mir von einem Kumpel, der die Welt mit dem Ziel durchreist, die besten Kartoffelpfannkuchen zu finden. Ein sinnvolles Motto.

Baltikum

Die meisten Leute im Restaurant verfolgen interessiert das Programm im Fernseher. Momentan läuft die Vorausscheidung zum Grand Prix Eurovision de la Chanson. In einer großen Galashow treten Musiker unterschiedlichster Richtungen und Erscheinung auf, die Lettland in diesem Liederwettbewerb vertreten wollen, vom afrikanisch wirkenden Rapper bis zur blond gelockten Sängerin. Wir Ausländer sind die einzigen, die nicht wirklich mitfiebern. Ich unterlasse es, zu lästern, da auch Deutschland nicht gerade seine musikalischen Highlights zu dem europäischen Musikwettbewerb schickt.

Bevor ich am nächsten Tag abreise, besichtige ich noch die Stadt, die nicht groß ist, aber nett anzusehen, wie der erste Eindruck vermittelt hat. Ein Hintergedanke der Besichtigung ist, meinen Ersatzteilvorrat aufzufrischen, einerseits, weil ich in Polen so viele Speichen eingebüßt habe, dass mir für Finnland böses schwant, andererseits aus Neugierde, wie die fahrradtechnische Versorgungslage hier ist. Eine Fahrradwerkstatt finde ich mit einmal Nachfragen mitten im alten Zentrum. Der Laden ist vor allem auf Mountainbikes ausgerichtet, dementsprechend erstehe ich außer Speichen einen Mountainbikeschlauch. Den werde ich im Notfall irgendwie in meine 35 Millimeter schmalen Reifen wursteln müssen. Das Autoventil müsste durch das Felgenloch passen. Im groben Notfall werde ich das Teil also schon montieren können.

Memele heißt einer der beiden Flüsse, die sich hier treffen. Das dürfte der aus der ersten Strophe des Deutschlandliedes sein. Als nächstes steuere ich eine Bekannte aus dem Kreuzworträtsel an, eine Großstadt im Baltikum mit vier Buchstaben.

Da mein Gepäck nicht abschließbar ist, und Großstädte in vielen Ländern überproportional viel kriminelles Gesindel anziehen und ausbrüten, drehe ich nur eine Runde durch die mit feschen Bauwerken gespickte Stadt, und mache mich ohne Aufenthalt weiter nach Norden. Meine Rechnung, dass ich mich nur irgendwie nach Norden halten muss, um früher oder später ohne großen Zeitverlust wieder auf die Via Baltica zu stoßen, wird am Ende einer langen

Lettland

schnurgeraden schattigen Teerstraße durch einen hohen Maschendrahtzaun korrigiert. Ich muss erst einmal wieder bis in die Wohnblockvororte Rigas zurück radeln. Meinen nächsten Ausbruchsversuch aus der Stadt mache ich auf einer Hauptstraße - erfolgreich.

Jetzt geht es wieder ohne wirkliche Abzweigungen einfach weiter nach Norden, Richtung Nordkap. Als ich eine große Landstraßenkreuzung mit Schwung überquere, verliere ich eine Packtasche. Die Straße ist sehr breit und ich brauche einige Sekunden, um mein Rad am sicheren Fahrbahnrand zu parken. Bis ich mein Rad abgestellt habe, hat ein junger Tramper schon meine Tasche von der Straßenmitte aufgelesen und zu mir geschleppt. Inzwischen donnern auch schon wieder Lastzüge über die Spur.

Ich schaue mir die geflüchtete Tasche an, und befinde, dass sie vom Zustand her schon noch brauchbar, aber die Aufhängung möglicherweise überfordert ist. Das Gewicht hängt an zwei Blechhaken, die nicht allzu robust und für meine Gepäckträgerrohre recht klein sind. Die Hakengröße war für den Gepäckträger meines alten Rades ganz gut, und hat sich auch an das neue anpassen lassen. Die Stabilität der Haken ist womöglich absichtlich nicht ganz so hoch, damit sie im Falle eines Unfalls als Erstes nachgeben - vor dem Material der Tasche. Jedenfalls ist einer der Haken jetzt eindeutig verbogen. Meine Zange hat das leicht korrigiert, aber Metall kann je nach Qualität durch Verformung brüchig werden. Vielleicht ist der Vorfall ein Anzeichen dafür, dass die Haken schon die kleine Anpassung an den neuen Gepäckträger übel genommen haben. Oder das kommt von dem Sturz vor ein paar Tagen. Vorsichtshalber sichere ich die Taschen ab jetzt mit zusätzlichen Gurten ab.

Als die Landstraße wieder schmaler ist, und von der Nähe der Großstadt nichts mehr zu spüren, und mein Magen mich daran erinnert, dass es Zeit für eine Stärkung ist, komme ich an einem fast allein stehenden Laden vorbei. Im Geschäft fallen mir zuerst die Zwetschgen auf. Die sind besser als Energieriegel. Ich kaufe dem Mädchen an der Kasse ein paar Hand voll ab, und dazu Brot. Sie bietet mir an,

Baltikum

die Früchte gleich zu waschen, was ich gerne annehme. Schließlich bekomme ich sie auf einem Teller serviert. Natürlich, wieso sollte ich nicht den schönen massiven Holztisch vor dem Laden nutzen? Ich bin so daran gewöhnt, erst einzukaufen, und danach noch eine Weile nach einem geeigneten Platz für ein Picknick Ausschau zu halten, dass mir die Idee von selber nie gekommen wäre.

Gestärkt und mit einer guten Meinung von Lettland strample ich weiter und genieße das angenehme Wetter, die leicht zu fahrende Strecke und die lieblich grüne Landschaft.

Camping

Gegen Abend komme ich an einem Campingplatz vorbei, der so wenig besucht ist, dass ich erst einmal vorbeifahre, ohne ihn zu erkennen. Dabei ist er recht groß und liegt an einem See.

Während ich zwischen den offensichtlich nicht ganz neuen Hütten mit den zeltartig spitzen Dächern nach einer Rezeption suche, erkenne ich auch einzelne Zelte und Fahrzeuge, die in dem weitläufigen Wäldchen verteilt sind. Das Leben konzentriert sich akustisch in der Mitte der Hüttensiedlung, wo einige Leute beieinandersitzen und sich unterhalten. Dort finde ich auch die Chefin, eine kräftige resolute Frau, die mir erklärt, dass eine Nacht Camping einen Lats kostet. Ich frage interessehalber, und weil es ein wenig nach Regen aussieht, nach dem Preis für eine Hütte.

Eine Nacht dort würde zehn Lats kosten. Die winzigen Hütten kommen mir nicht vertrauenswürdig vor, so dass ich beschließe, mir neun Lats zu sparen, die vermutlich wesentlich mehr wert sind, als ich mir am letzten Geldautomaten gedacht hätte.

Inzwischen habe ich auch die offenen Pavillons entdeckt, die lose auf dem Gelände verteilt sind, vorwiegend in der Nähe des Sees und neben Grillplätzen. Diese etwa vier mal vier Meter großen Stoffdächer sind mit Biertischgarnituren ausgestattet. Dort könnte ich, falls

Lettland

es doch noch regnet, Zuflucht suchen. Stören würde ich niemanden, da in diesem Abschnitt des Campingplatzes kein Mensch zu sehen ist.

Ich lehne mein Rad an einen der Biertische, packe Handtuch und Badehose aus, und gehe damit zum See. Jetzt sehe ich doch jemanden, einen Mann, der zu einem gelb gestrichenen Häuschen geht, das direkt am Seeufer steht, und um das herum ein paar Boote vertäut sind. Ich vermute, dass dort die Campingplatzbetreiber wohnen.

Inzwischen spüre ich erste Regentropfen. Da mein Rad unter einem Dach steht, lasse ich mich dadurch nicht von einem Bad abhalten. Das Wasser ist angenehm, fühlt sich wärmer an als die schnell abgekühlte Luft. So darf es in Finnland, wo meine Karte mehr Blau als Landfläche zeigt, auch sein.

Nachdem ich meine Runde beendet habe und abgetrocknet und angezogen bin, kommt der Mann aus dem gelben Haus vorbei. Er preist mir die Vorzüge des Platzes an, in recht gutem Englisch. Ruhig sei es hier, und ein wunderbarer See. Er gehe auch jeden Tag schwimmen.

Da es inzwischen immer stärker regnet, ist meine Suche nach einem geeigneten Schlafplatz beendet. Ich werde mich auf einen Tisch im Pavillon legen. Der Hausherr scheint das auch vernünftig zu finden. Er hilft mir sogar, indem er zwei Seitenwände des Pavillons herunterlässt. Zwar ist es inzwischen so windig, dass der Regen auch die Tische in der Mitte des Pavillons erreicht, aber der Wind hält hoffentlich alles einigermaßen trocken, und ein einigermaßen winddichter Schlafsack und die Müdigkeit lassen mich schon einnicken.

Ich schlafe recht gut und wache erholt auf, weit weniger klamm als mein feuchter Schlafsack. Kühl und bedeckt ist es heute, aber trocken, eigentlich ein ideales Wetter, um sehr weit zu fahren. Fremd, ohne Kenntnisse der einheimischen Sprache, und ohne konkrete Ahnung, was mich erwartet, radle ich weiter.

Baltikum

Radtouren habe ich schon oft gemacht, manchmal auch so weite, aber bisher hatte ich vor jeder Reise die wichtigsten Ausdrücke der Landessprache gelernt, Zahlen, danke, bitte, nach dem Weg fragen, also links, rechts, geradeaus, Brücke, Fluss, Straße, Kreuzung, Ampel. Meine wichtigsten Lebensmittel, ein Bier, bitte. Vor der Marokkoreise habe ich immerhin ein wenig Arabisch und Spanisch gelernt. Vor den Reisen nach Jugoslawien und in die Türkei konnte ich wenigstens die Zahlen und ein paar Redewendungen. Das hat mir einige Türen geöffnet, und ich habe mit Hilfe der Leute, denen ich begegnet bin, und die mich geduldig korrigiert und ergänzt haben, einiges dazugelernt, sicher ein mehrfaches dessen, was mit dem gleichen Zeitaufwand in Sprachkursen üblich ist. Spanisch zu lernen war mit meinem passiven Wortschatz aus dem großen Latinum und der Lektüre von zwei Lehrbüchern besonders effizient. Ich musste nur abends in eine Bar gehen, und irgendjemand hat mich schon vollgelabert, ohne Rücksicht darauf, ob ich alles oder überhaupt irgend etwas verstanden habe. Von Kneipenbesuch zu Kneipenbesuch ist mehr hängen geblieben, bis ich mich selber recht flüssig ausdrücken konnte.

Hier ist das völlig anders. Kurz nach der Grenze hatte ich einen einheimischen Radfahrer, der Englisch konnte, nach den wichtigsten Wörtern gefragt - und gleich wieder praktisch alles vergessen, weil mir die Sprache so fremd ist, dass mir keine Eselsbrücken einfallen, an denen ich mich festhalten kann. In Litauen war Polnisch hilfreich, wovon ich auch nur ein paar Ausdrücke gelernt hatte, aber hier bin ich auf die Englischkenntnisse der Einheimischen angewiesen. Damit kommt man meistens durch, aber es ist schade, nicht wenigstens ein paar Ausdrücke in der lokalen Sprache zu können.

Andere Radtouristen sprechen in den meisten Fällen Englisch. Zum Beispiel kommt mir auf der Via Baltica ein französischer Radfahrer entgegen, angegraut und vom Wetter gegerbt. Gerard hat sich zweiundfünfzig Tage Urlaub für seine Tour zusammengespart und ist von Frankreich über Dänemark und Schweden zum Nordkap gefahren, um seine Runde in etwa auf meiner Route und weiter nach

Lettland

Frankreich zu vervollständigen. Er erzählt, dass er vorwiegend Hauptstraßen genommen hat, um voranzukommen, dass die Straßen durchwegs gut waren, dass es in den größeren Städten nicht einfach war, mit dem Rad hindurchzufinden, und vor allem, dass es fast die ganze Zeit lang furchtbar stark geregnet hat.

Als Unterkunft empfiehlt er Campingplätze. Dort gebe es Cabins, kaum teurer als Zelten, und vor allem trocken.

Er erzählt auch, dass er regelmäßig seinen Jahresurlaub in Radtouren umsetzt. In Kanada hat er schon mal einen Liegeradfahrer auf Reisen getroffen, einen mit recht weiten Etappen.

Am Rand der Welt

Bisweilen wirkt die lange gerade Landstraße eintönig. Mit meiner groben Karte ist es aber ein wenig riskant, einfach einer Seitenstraße zu folgen. In dieser Region kann ich davon ausgehen, dass Straßen, die nicht auf meiner Karte verzeichnet sind, früher oder später irgendwo enden, anstatt wieder auf eine Hauptstraße zu treffen. Einmal sehe ich auf dieser Karte ein längeres Stück entlang der Ostsee. Die Linie geht zwar nicht ganz durch, es ist aber kein Hindernis eingezeichnet. Vielleicht ist das fehlende Stück einfach nicht asphaltiert. Weit kann diese Lücke nicht sein, und ich beschließe, diese Straße auszuprobieren.

Da an der Bushaltestelle gegenüber der Tankstelle muss die Abzweigung sein. Hier sitzen etliche junge Männer am Boden, und einige ältere Frauen daneben auf Stühlen. Ich frage nach dem nächsten auf der Karte eingezeichneten Ort auf der Nebenstrecke. Erstmal scheint keiner meine Frage zu verstehen. Dann antwortet jemand etwas. Ich verstehe kein Wort und beschließe, den Weg einfach auszuprobieren. Als ich die Richtung in die Straße einschlage, bilde ich mir ein, dass eine der Frauen etwas sagt wie: Und fahren tut er trotzdem - so, als ob der Mann von vorhin mir in seiner Antwort abgeraten hätte. Das war mein Eindruck beim Anfahren. Da ich es aber gar

Baltikum

nicht verstanden haben kann, beschließe ich, dass ich mir das eingebildet habe, und gebe Gas.

Durch eine Stadtrandsiedlung geht es erst einmal einige Kilometer auf einer glatten Teerstraße ziemlich flott dahin. Nach einiger Zeit wird der Straßenbelag rauer und die Bebauung spärlicher. Kleine Häuser mit Garten säumen den Weg, mal mehr, mal weniger landwirtschaftlich. Hier zu wohnen wäre ein Traum, zumindest bei diesem Wetter. Immer sandiger wird die Strecke, mit meinem Rad kaum noch fahrbar. Zwischendurch muss ich schieben, weil meine Räder keinen Halt mehr finden, beziehungsweise das Rad durch den tiefen Sand zerren. An anderen Stellen ist der Sand fester und ich kann wieder aufsteigen. Wenn ich aufrecht sitze, greifen die Räder etwas besser, zumindest kommt es mir so vor. Feiner Sand ist an den tiefen Stellen, an den anderen habe ich festen, gut fahrbaren Kies unter meinen Slicks. Die sandigen Teilstrecken werden immer länger.

Bis ich davon überzeugt bin, dass die Straße wohl bis auf weiteres nur sporadisch fahrbar sein wird, bin ich schon so weit, dass ich vermutlich noch länger unterwegs wäre, wenn ich umdrehen würde.

Außerdem gefällt mir die Strecke, auch wenn ich kaum vorankomme. Das Wetter ist herrlich sonnig. Da ich vom Wühlen im Sand sowieso schweißüberströmt und damit patschnass bin, und hier, am Ostsee-Hochufer, fast ständig ein spürbarer Wind weht, ist die Hitze dank der Wasser-Luftkühlung kein Problem, solange das Trinkwasser reicht. Dass ich heute nicht allzu weit kommen werde, ist mir inzwischen klar und eigentlich egal.

Die Strandlandschaft mit den vielen kleinen Häusern hat etwas heimeliges. Wenn man einen Halt einlegt und eine Böschung erklimmt, sieht man oft an den Strand hinunter, der meistens vielleicht zehn Meter tiefer liegt und manchmal über einen Pfad leicht erreichbar wäre. Von hier kann man dann seinen Blick durch die diesige Luft über die Ostsee schweifen lassen.

Auf einmal wird aus der Sandstraße ein Wiesenpfad, der offensichtlich in einen Wald führt. Aus dieser Richtung hört man entfernt Lärm, der mich an ein Ferienlager erinnert. Vermutlich beginnt dort wieder die Straße. Aber was liegt dazwischen?

Das letzte Haus auf der Strecke wirkt größer als die meisten anderen. Am Gartentor sehe ich zwei junge groß gewachsene Männer. Die frage ich, wo und vor allem wie der Weg weitergeht. Einer davon erklärt mir in gutem Englisch, dass der Weg hier aufhört, und bald praktisch nicht mehr fahrbar sein wird. Als ich erkläre, dass es mir nichts ausmacht, ein Stück weit zu schieben, meint er, dass ich schon mit gut einer halben Stunde nicht fahrbarer Strecke rechnen müsse.

Darauf lasse ich mich ein.

Ein paar hundert Meter kann ich auf dem Pfad noch fahren, nicht rasant, aber besser als auf Sand, mal durch Wald, mal über eine Wiese, deren Gras mir auf meinem Tieflieger bis zum Kopf geht. Als die Straße und sämtliche Häuser außer Sicht sind, und ich mir vorkomme, als wäre ich schon den ganzen Tag fern jeder Zivilisation unterwegs, ist der Pfad auf einmal unterbrochen, nur für ein paar Meter, aber abrupt und fast spektakulär. Die Lücke im Weg wird durch zwei nebeneinander liegende Baumstämme überbrückt. Darunter verläuft in zwei bis vier Metern Tiefe ein fast trockenes steil abfallendes Bachbett. Hier wird nach ausreichend Regen ein Sturzbach über rasante Stromschnellen in die kaum dreißig Meter entfernte Ostsee schießen. Aber ich will da quer rüber. Ohne Gepäck oder nur mit Rucksack könnte ich zum Bachbett hinunterklettern, und auf der anderen Seite wieder hinauf. Mit Rad und Packtaschen muss ich aber wohl den Weg über die geländerfreie Brücke wagen.

Um ein möglichst sicheres Gefühl für die Überquerung zu bekommen, gehe ich erst einmal ohne Rad und Gepäck, nur mit dem kleinen Rucksack. Ein wenig zusätzlicher Nervenkitzel entsteht dadurch, dass die Stämme tiefer liegen als der Weg. Zwischen Pfadspur und Baumstämmen ist auf beiden Seiten eine steile grob sandige Böschung. Den Weg hinunter kann man wie eine sehr große Stufe nehmen, ein machbarer Schritt, aber vorsichtig auszuführen, damit man auf dem angepeilten Stamm sicher zu stehen kommt. Über die breitbeinigen Schritte auf den Stämmen sollte man sich nicht zu viele Gedanken machen, um Angstschweiß zu sparen.

Interessant wird der letzte Meter vor der Fortsetzung. Hier gilt es, eine bauchhohe Böschung hinaufzuklettern. Ohne Gepäck, wenn man beide Hände frei hat, ist das leicht. Mit vollen Händen muss man möglicherweise zaubern. Vermutlich reicht es aber auch, das Gepäckstück ein wenig die Böschung hinaufzuwerfen, damit man dann zum Klettern die Hände frei hat.

Ich lege meinen Proviantrucksack ab und gehe zurück zum Rad. Samt Gepäck wäre mir das viel zu schwer, um sicher zu balancieren. Daher nehme ich die Packtaschen ab, erst die schwere mit dem Werkzeug, und schleppe sie über die Stämme. Mit einem kleinen Schwung hieve ich sie auf die Zielböschung und ziehe mich hinterher. Die Tasche lege ich, neben den Rucksack, in ein paar Meter Entfernung ab, um nachher nicht etwa auf dem letzten Schritt darüber zu stolpern. Genauso mache ich es mit den anderen Teilen.

Zuletzt balanciere ich mit dem Rad über die Stämme. Da fällt mein Blick auf meine Plastikschuhe, die mehr für Rennräder als für Baumstämme konstruiert sind. Das ist so ein Moment, in dem ich an meinem eigenen Verstand zweifle. Wenn man nicht dran denkt und vor allem alles trocken ist, geht's offensichtlich trotzdem. Ist ja gegangen. Es waren ja nur ein paar Meter. Nur noch das Rad die steile Böschung hochschwingen, mich selber nachziehen, und schon kann ich nach einem kräftigen Schluck Wasser wieder aufpacken und auf einem festen Trampelpfad weiterfahren, immer auf die Lärmquelle zu, die zusehends lauter wird. Minuten später erreiche ich den Parkplatz eines Campingplatzes und eine Teerstraße. Noch ein paar Minuten später bin ich wieder auf der Via Baltica und in voller Fahrt unterwegs in Richtung Norden.

Czech Post Train

Kurz vor der Grenze zu Estland kommt mir eine lustige Meute von sechs Radfahrern entgegen, die gerade zielstrebig auf eine Kneipe zusteuert. Die fünf jungen Männer und ihre noch jüngere Chefin kommen aus Tschechien. Die haben sich sicher auf der Tour de France, die gerade beendet sein muss, völlig verirrt. Ich frage in Anspielung auf die Mannschaft des mehrmaligen Tour de France - Siegers Lance Armstrong, ob sie sich Czech Postal nennen. Ja, der Czech Post Train. Einer korrigiert: Czech Telekom. Vermutlich hat das Team Telekom wieder die Mannschaftswertung gewonnen.

Wer hat eigentlich die Tour gewonnen? Lance natürlich. Der Name Klöden sagt ihnen nichts. Später erfahre ich, dass er Zweiter geworden ist. Ullrich war sowieso zu weit hinten und zudem erkältet. Lance musste übrigens gewinnen, da ein Tscheche in seinem Team fährt. Natürlich, dann war es ja klar. Die glorreichen sechs sind in Tallinn gestartet und steuern auf ihre Heimat zu. Estland hat ihnen ganz gut gefallen, aber sie stöhnen über den hohen Bierpreis dort: doppelt so hoch wie in Tschechien. Ich erinnere mich an die zwanzig Cent pro großes Bier an dem tschechischen Campingplatz und freue mich auf die nächsten Tage, in denen ich noch Kräfte und Mineralien für das puritanische Skandinavien sammeln kann. Freilich, wenn du aus Deutschland kommst, ist für dich schnell mal was billig. Die waren garantiert noch nie in Italien oder Frankreich, wo das Bier noch mal so viel kostet, und man sich von Wein ernähren muss, wenn man im Lotto Pech gehabt hat.

Ich fahre gleich weiter zur nahen Grenze. Dort steht mitten auf einer schmalen Teerstraße eine Grenzbaracke, wie zufällig auf die Fahrbahn geweht. Der dicke Grenzer wirft nur einen flüchtigen Blick auf meinen Ausweis. Ich habe den Eindruck, dass er sich belästigt fühlt. Wechselstube sehe ich weit und breit keine. Das könnte für die nächste Übernachtung kritisch werden. Im Nachhinein betrachtet hätte ich nur einen Abstecher zur parallel verlaufenden Hauptstraße machen müssen. Die dortige Grenzstation hätte gewiss Geldwechselmöglichkeiten geboten. Ich gehe aber davon aus, dass das nicht nötig ist, und ich bald anderswo wechseln kann oder einen Geldautomaten finde.

Estland

Skandinavische Luft und schwere Beine

Auf meiner Nebenstraße fährt es sich auf jeden Fall wunderschön, durch einen schütteren Wald, manchmal von Wiesen unterbrochen. Links weiß und riecht man das Meer, vor sich hat man eine saubere, flache Teerstraße. Es gibt auch vereinzelt Campingplätze. Hier über dem Strand wäre ein idealer Rastplatz zum Übernachten. Allerdings habe ich kein einziges estnisches Krönchen in der Tasche. Das wäre möglicherweise hier in der Nähe der Grenze kein Problem, aber da es erst mitten am Nachmittag ist, fahre ich doch noch weiter und immer weiter, bis ich in eine Ortschaft komme, deren bescheidenes hell getünchtes Zentrum neben geschlossenen Buden mit Internetcafé eine Bank mit Geldautomaten hat.

Wieder weiß ich nicht, wie viel ich brauchen werde. Nicht einmal den Wechselkurs kenne ich. In Litauen und Lettland hatte ich jeweils viel zu viel abgehoben beziehungsweise zu wenig Gelegenheit zum Ausgeben gehabt. Ich rate wieder. Was soll ich sonst tun?

Ab jetzt bin ich wieder auf der Hauptstraße, der Via Baltica. Campingplätze sehe ich jetzt keine mehr. Einige Kilometer später, immer noch nicht allzu spät, erreiche ich ein Hotel, direkt an der Straße. Der Laden schaut zwar irgendwie stark nach Abzocke aus, aber so ein Eindruck kann auch täuschen, und ich möchte nicht jeden Tag bis spät in die Nacht hinein unterwegs sein, um am nächsten Morgen dann todmüde oder aus dem Wissen, acht Stunden Schlaf zu brauchen, die schönsten Morgenstunden zu versäumen. Ich mache mich auf die Suche nach einer Rezeption. Ein rundliches Mädchen Mitte zwanzig, das ein T-Shirt mit der Aufschrift „too busy to

Estland

be fucked" trägt und Englisch spricht, erklärt mir, dass nichts mehr frei ist. Ich glaube ihr nicht, aber baue darauf, dass bald ein Campingplatz kommt, und fahre weiter.

Hinweisschilder werden jetzt tatsächlich häufiger. Wenige Kilometer später weist eines davon nach links in Richtung Camping Takkendorff. Soll ich dem Schild folgen, oder versuchen, ob ich direkt an der Hauptstraße etwas finde?

Takkendorff liegt bestimmt am Meer und damit ein gutes Stück tiefer. Wenn ich da unten doch nicht unter komme, muss ich das ganze Stück wieder rauf. Bis dahin wäre es stockfinster.

Ich nehme die Straße zum Meer. Wenn es nicht schon wieder so spät wäre, wäre die nette Strecke allein einen Abstecher wert. Das Sträßchen windet und streckt sich langsam, stetig und zunehmend gröber befestigt zwischen Wäldchen und kleinen Äckern und Wiesen immer tiefer.

Auf dem Campingplatz ist einiges los. Zumindest hat er auf. Voll sieht er auch nicht aus, wenn man an dem großen mehrstöckigen weißen Wirtschaftsgebäude vorbeischaut. Zwischen den Hütten und Stoffpavillons und einzelnen Zelten ist noch jede Menge Platz. Im Haus gäbe es auch Zimmer, aber die sind belegt. Cabins, also Hütten für Selbstversorger mit unbezogenen Betten, gäbe es auch, aber die sind ebenfalls belegt, außer einer großen für eine Familie. Leichtsinnigerweise erwähne ich, dass ich kein Zelt habe, sonst wäre ich in dem weitläufigen Gelände schon untergekommen, vielleicht sogar wieder in einem Pavillon.

Der Wirt erklärt mir den Weg zur nächsten Unterkunft: zurück zur Straße und einige Kilometer weiter in Richtung Pärnu. Ob ich da noch unterkomme, vor allem um diese Uhrzeit, ist natürlich nicht gewiss. Pärnu selber könnte ich gegen Mitternacht erreichen. Übernachtungsmöglichkeiten wird es da schon geben, aber die Erfahrung aus Litauen lässt mir wenig Lust, auszuprobieren, wo man in dieser Stadt um diese Uhrzeit unterkommt.

Baltikum

Die Miete für die große Hütte würde mehr kosten, als ich vorhin abgehoben habe. Lats und Litar gelten hier nicht mehr. Ich erkläre meine Situation und darf nach kurzem Überlegen die Hütte für den Preis beziehen, den ich momentan bezahlen kann.

Der Platz wirkt viel luxuriöser als der in Lettland. Sämtliche Einrichtungen sind wesentlich neuer. Außerdem ist heute das Wetter schöner, und die Hütten und Zelte sind nicht im Wald versteckt. Hier sind auch sehr viel mehr Leute und alles ist enger beieinander. Es gibt Spielflächen, einige Gemeinschaftspavillons, aber keinen See. Das Meer müsste gleich nebenan sein, vielleicht unmittelbar hinter dem Schilf und den Dünen, die den Platz an zwei Seiten begrenzen.

Um zu meiner Unterkunft zu gelangen, muss ich durch das ganze Campingdorf. Die Familienhütte gleicht mehr einem Ferienhäuschen, ich lebe heute also richtig im Luxus, aber irgendwie hat mir der lettische Waldcampingplatz am See trotzdem besser gefallen. So gut geht es mir.

Am nächsten Tag geht es über eine flache Landstraße nach Pärnu. So stelle ich mir auch skandinavische Städtchen vor: Holzhäuser in allen Farben, alles schön aufgeräumt, und überall glaubt man das nahe Meer zu riechen und zu spüren. Das wäre ein Ort für einen erholsamen Urlaub.

Völlig flach, kaum windig und schnurgerade nach Norden läuft die nächste Etappe ausnahmsweise deutlich schneller als in den vergangenen Tagen. Vielleicht waren die recht kurzen Etappen der letzten Tage, deutlich unter hundertfünfzig Kilometer, und das ohne Berge, für meine Beine so erholsam, dass ich Kraft aufbauen konnte.

Seltsamerweise waren meine schnellsten Etappen auf den hügeligen Straßen in Bayern und Tschechien. Sobald die Straßen vorwiegend flach wurden, ist meine Durchschnittsgeschwindigkeit deutlich gesunken. Vor allem mit dem Liegerad hätte ich das genau andersrum erwartet. Aber ich komme die Steigungen wesentlich besser hoch als befürchtet, bei Abfahrten bemerkt man mit dieser Maschine höhere Geschwindigkeiten kaum, und wenn es flach wird,

Estland

langweilen sich die Beine vielleicht einfach, wie bei einem anderen Rad auch.

Vermutlich bin ich auch trotz inzwischen fünftausend Kilometern noch nicht richtig eingefahren. Der Händler hatte mich ja ermahnt, das Training langsam aufzubauen. Allerdings war heuer das Wetter meistens derart schön, dass ich einfach fahren musste.

Hätte ich bei Sonnenschein rumsitzen oder das alte Rad nehmen sollen, nur weil eine Tagestour mit dem Liegerad nicht in meinen Trainingsplan gepasst hätte?

Natürlich habe ich gemerkt, dass ich nicht schneller werde. Ich krieche noch genauso wie am ersten Samstag mit dem neuen ungewohnten Rad, als ich gleich hundertzwanzig Kilometer weit getestet habe und ziemlich begeistert war. Aber wesentlich schneller bin ich mit einem altmodischen Rad auch nicht unterwegs. Und vor allem bei ungünstigem Wind bin ich froh um die niedrige Höhe. Die Panoramasicht auf der Landstraße sticht natürlich den Vorderradblick, den man bei einem klassischem Reiserad mit niedrig eingestelltem Rennlenker hat. Und ich habe die Perspektive, irgendwann wesentlich schneller zu werden.

Ich bin gespannt auf Finnland, aber vorher muss ich durch die estnische Haupt- und Hafenstadt Tallinn. Oft ist so eine Stadtfahrt wesentlich anstrengender als eine steile Passstraße, wegen der ständigen Aufmerksamkeit und Umsicht, die gefordert ist.

Nach Pärnu sehe ich nichts als Straße und Wälder, gelegentlich eine große Wiese. Nichts deutet darauf hin, dass ich auf eine Metropole zusteuere, in der ein großer Teil der Bevölkerung des flächenmäßig gar nicht so kleinen Landes wohnt. Erwartet hätte ich wesentlich mehr Verkehr oder ein dichteres Straßennetz, und vor allem Straßendörfer, Trabantenstädte und Industriegebiete, die sich zig Kilometer weit vor den Toren der Stadt an den Einfallstraßen entlang aufreihen müssten, anfangs spärlich und vereinzelt, und mit abnehmender Entfernung zur Stadt immer häufiger und größer. Aber eigentlich hätte die ganze Hauptstraße eine unterschiedlich dichte

Baltikum

Aneinanderreihung von Siedlungen und Industriegebieten sein müssen, eine Entwicklungsachse. Als Radfahrer kommt mir die Ruhe aber schon entgegen. Noch rolle ich auf der Via Baltica, sehe alle paar Minuten ein paar Autos und sonst nichts als Straße, Grün und graublauen Himmel.

Das ist also Tallinn?

Demnächst muss es bergab gehen, und spätestens dann müsste man Tallinn sehen. Irgendwann geht es tatsächlich bergab, und ich passiere das Ortsschild. Sehen tut man vorerst nicht viel außer hohen Hecken und Mauern, Randsteinen und Gehwegen, Bushaltestellen, Schildern und Nebenstraßen. Von den Wohnhäusern sieht man nur die oberen Stockwerke, falls diese weit genug über die umgebende Einfriedung hinausragen. Von den Beschriftungen auf Schildern kann ich kaum mehr als die Einzelbuchstaben lesen. Nach dem Villengürtel sehe ich aber auch so, dass ich inzwischen in einem Gewerbegebiet bin.

Eine der Jugendherbergen aus meinem Herbergsführer, die einzige nach dem offiziellen Standard, heißt Merevaik. Die ohne Lupe gerade noch lesbare Schrift in dem Symbol mit der Richtungsangabe vom Zentrum aus zeigt "2SW", zwei Kilometer südwestlich vom Ortszentrum. Ich vergewissere mich auf der Karte, dass ich die Stadt von Süd- Südwest aus anfahre. Die Herberge muss also ziemlich nahe sein. Ich frage einen Passanten. Der spricht ein wenig Englisch und bestätigt, dass es nicht weit ist. Mitten in dieser Gewerbezone, in einem trostlosen rotbraunen Backsteinkasten, versteckt sich tatsächlich eine Jugendherberge, gekennzeichnet mit dem bekannten internationalen Symbol. Ich bekomme einen guten Platz. Mein Rad soll ich mit ins Zimmer nehmen, was mir natürlich recht ist.

Mit den langen Fluren kommt mir das Ganze eher vor wie ein Krankenhaus. Die paar Leute, die man sieht, schauen aber eher jung und gesund aus. "Jugendherberge" sagt einfach nichts über die gesamte

Estland

Art der Unterkunft aus. In den letzten achtzehn Jahren ist mir von der Ritterburg über eine Zeltstadt bis zum Atombunker schon alles Mögliche begegnet.

Im Haus gibt es ein Bistro, das Fertigpizzas anbietet. Da mir aber die Atmosphäre hier nicht so sehr gefällt, will ich außerhalb etwas essen. In der Nähe soll es noch ein Restaurant geben, das aber möglicherweise schon Feierabend hat. Da ich vor habe, morgen einen Ruhetag einzulegen, um mir ein wenig die Stadt anzuschauen, habe ich keine Eile. Um meine Energiespeicher wieder aufzufüllen, habe ich mehr als einen Tag Zeit. Und ich habe nach einem Drittel meines Urlaubs das Minimalziel erreicht - ein wenig durch das Baltikum zu radeln. Und wenn ich es darauf anlege, bin ich morgen in Finnland.

Schon wieder ertappe ich mich dabei, Kilometer hochzurechnen. Daran, dass ich Urlaub habe, einfach Urlaub, werde ich mich wohl so schnell nicht gewöhnen. Aber wenn ich annähernd so weiterfahre, bin ich an meinem sechsunddreißigsten Geburtstag am Nordkapp, und habe dann noch zwei Wochen Zeit. Für die Rückreise stelle ich mir ein paar Etappen mit dem Linienschiff an der norwegischen Küste vor, zur Erholung und Belohnung, einen Zwischenspurt irgendwo in Norwegen, und so spät und kurz wie möglich eine Zugfahrt nach München.

Aber noch bin ich in Tallinn, in einem Gewerbegebiet weit weg vom Zentrum und der weltberühmten Altstadt. Da es inzwischen dunkel ist, muss es sehr spät sein. Das Restaurant, das in einem großzügigen Glasbau untergebracht ist, vermutlich einem Bürogebäude, hat wie erwartet bereits geschlossen. Ich bin der einzige Mensch, der um diese Zeit hier rumläuft, was vermutlich gut so ist, und ich bekomme langsam Hunger. Also gehe ich zu der langweiligen Jugendherberge zurück. Wenigstens hell ist es hier. Im Bistro ist das Licht eher schummrig, aber es hat noch auf, und ich bin nicht der einzige Gast. Einige unterhalten sich noch bei einem Getränk, und einzelne essen auch etwas. Ich bin saumüde und habe keinen Kopf mehr für irgendwas, aber jetzt ist der Hunger da, also suche ich mir einen der

Baltikum

kleinen Tische aus. Ich gehe zur Theke, die mehr wie ein Kiosk gestaltet ist, und frage die junge Frau dort, was es noch gibt. Sie stellt die Gegenfrage, was ich denn wolle. Also probiere ich das Angebot durch, das an der Tafel neben der Theke aufgeschrieben ist, bis ich herausfinde, dass es aus der Liste genau eine Pizzasorte gibt. Den Tipp hätte mir die Frau auch früher geben können. Ist wohl der hier übliche Humor. Oder es ist Marktforschung: Wenn sie sich merkt oder aufschreibt, wonach am häufigsten gefragt wird, bekommt sie einen guten Anhaltspunkt dafür, womit sie sich beim nächsten Einkauf eindecken sollte.

Während ich in Ruhe meine Pizza verspeise, möchte ich nur, dass es bald morgen ist, dass ich eine neue Unterkunft suchen und für übermorgen eine Überfahrt nach Finnland organisieren kann. Danach werde ich einen ganzen Tag Zeit haben, mir Tallinn anzuschauen, in Ruhe und ohne Gepäck.

Am nächsten Morgen hole ich mir vom Herbergspersonal Tipps, wie ich zum Hafen komme, und wo man in unmittelbarer Hafennähe einigermaßen günstig übernachten können müsste. Eigentlich muss ich nur immer bergab der Hauptstraße folgen. Hier komme ich erst einmal an unzähligen mit Mauern und Hecken eingefriedeten Grundstücken vorbei. Entfernt erinnert mich das an England, nur dass hier die Grundstücke größer und praktisch uneinnehmbar hoch und nicht einsehbar eingezäunt sind. Ich nehme an, dass man in einem Land, das so dünn besiedelt ist, auch in der Stadt nicht allzu eng aufeinander wohnen will. Zwischendurch schaue ich immer wieder einmal auf die Kartenskizzen in den zahlreichen Bushaltestellen, um mich zu vergewissern, ob ich noch Kurs auf den Hafen halte. Nach und nach wird der Verkehr dichter, und ich versuche mehr und mehr, auf den Gehwegen zu fahren. Irgendwann werden die Grundstücke kleiner und die Häuser größer, bald gibt es statt Zäunen Wohnblöcke und Geschäftshäuser, bald sehe ich rechts eine alte aber intakte Stadtmauer. Links, nur durch eine Straße und einen breiten Grünstreifen von der Stadtmauer getrennt, fällt mir ein altes Gebäude

Estland

auf, das von einer hohen Mauer umgeben ist und der Beschriftung nach eine Absteige sein oder gewesen sein könnte.

Ich finde das Tor und klingle. Tatsächlich bin ich in einem Gästehaus gelandet. Das Ganze wirkt sehr, sehr einfach, aber sauber. Die Gäste sind in Schlafsälen untergebracht, wie früher in Jugendherbergen, und der Übernachtungspreis ist dementsprechend knapp halb so hoch wie vergangene Nacht im Einzelzimmer. Da die Lage sehr günstig ist, und ständig jemand von der Herberge das Gartentor und die Haustür im Auge zu haben scheint, beschließe ich, es zu wagen, hier Quartier zu beziehen. Lohnend schauen meine weit gereisten Packtaschen nicht aus, und sind nur sauschwer. Außer einem Werkzeugsammler würde auch kaum jemand etwas wertvolles darin finden.

Mein Rad steht gut abgesperrt zwischen einigen anderen in einer Garage, und ich gehe mit sehr leichtem Gepäck zum Hafen, den ich finde, indem ich gemäß der Anweisung meiner Gastgeber einfach weiter der Straße folge. Hier erfahre ich, dass es kein Problem ist, für jede Tageszeit eine Überfahrt zu bekommen. Welche wird meine sein? Ich vergleiche ein paar Fahrpläne und Preislisten und finde heraus, dass die erste Fähre um sechs Uhr morgens nur ein paar Euro kostet, einen Bruchteil vom Preis der anderen Überfahrten. Vermutlich ist die nicht so gefragt, und die Gesellschaft will vor allem das Schiff nach Helsinki bringen, für die nächste Fahrt nach Tallinn. Oder es ist ein Druckfehler. Ich frage nach und buche die günstige Überfahrt.

Morgen muss ich also um fünf Uhr dreißig am Hafen sein. Zwar habe ich keinen Wecker dabei und stehe normalerweise wesentlich später auf, und um die Uhrzeit wird es noch dunkel sein, aber ich traue mir zu, rechtzeitig wach zu sein. Falls es nicht klappen sollte, sind halt sechs Euro in den Sand beziehungsweise ins Sandmännchen gesetzt. Den Einsatz ist mir der Versuch wert.

Mit dem Rad werde ich für die kurze Strecke, die noch dazu bergab führt, vielleicht fünf Minuten brauchen. Es kommt also darauf an,

Baltikum

wie schnell ich aufpacke. Aber darin habe ich inzwischen ganz gut Übung. Notfalls wird es reichen, wenn ich um fünf Uhr aufwache. Und ich werde zeitlich Spielraum haben, vorausgesetzt, außer mir müssen noch mehr um fünf Uhr dreißig einchecken, und ich kann mich auch verspätet in die Warteschlange einreihen.

Dann werde ich schon am Vormittag in Helsinki sein. Das spricht dafür, die finnische Metropole zügig hinter mir zu lassen, wie Kaunas und Riga, und an dem Tag schon eine Unterkunft nördlich der Stadt zu suchen, in Richtung Nordkapp. Aber heute ist Tallinn-Tag.

Treue Fans unter Vorbehalt

In der Herberge gebe ich meine Reisepläne bekannt und darf im Voraus bezahlen. Im Garten des altehrwürdigen Gebäudes komme ich mit anderen Radfahrern aus Deutschland ins Gespräch, Leuten, die mir knapp eine Generation voraus haben. Früher, auf Radtouren im Süden, waren praktisch alle Reiseradler, die ich getroffen habe, zwischen zwanzig und vierzig, die meisten unter dreißig. Hier in Estland habe ich noch keinen deutschen Reiseradler unter fünfzig getroffen. Gut, die Tschechen an der estnischen Grenze waren vermutlich kaum zwanzig, und der Lehrer, mit dem ich in Litauen Kaffee trinken war, war vielleicht auch noch unter fünfzig. Aber sogar in Polen war außer dem Liegeradler kaum ein Radreisender jünger als ich, und ich bin schon seit fast zwanzig Jahren mit dem Radtour-Virus infiziert. Ist der Norden für junge Leute zu kalt? Sind Radreisen schon wieder außer Mode?

Ich gebe zu, dass ich bis zu dieser Tour nie auf die Idee gekommen wäre, nach Norden zu radeln. Das hatte auch Gründe: Eine Reise in die neuen EU-Länder wäre mir bis vor kurzem allein zu kompliziert gewesen. Ich will Urlaub machen, nach Lust, Wetter und Laune umherfahren, und keine staatlich genehmigte Expedition unternehmen. Skandinavien hat den Ruf, wunderschön aber kalt und nass oder mückenverseucht, und vor allem unerschwinglich teuer zu sein.

Estland

Im Süden dagegen reist man unkompliziert und braucht ganz wenig Gepäck, weil es meistens warm ist. Viele Regionen sind zudem vergleichsweise günstig oder wenigstens kaum teurer als Deutschland. Als Radler ist man sowieso luftgekühlt, solange man unterwegs ist, und nachts kann man sich gut draußen aufhalten. Zum biwakieren reicht ein leichter Schlafsack.

Einer meiner Hauptgründe für eine Fahrt nach Norden war der Respekt vor der südländischen Hitze, die sich unter Helm und Rückenlehne stärker aufstauen könnte als früher, als ich auf dem Kopf nichts als einen Haarschopf und unter dem Hintern einen schmalen Ledersattel hatte. Die heißen Tage in Tschechien und Polen haben aber gezeigt, dass das nicht so wild ist. Der vorwiegend helle Helm funktioniert auch als gut belüfteter Sonnenschutz, und die Rückenlehne erlaubt dank der die Nieren schützenden Wirkung leichtere Kleidung am Oberkörper.

Die anderen Radler sind alle nicht zum ersten Mal in Estland und schwärmen von der Natur und dem vielen Platz, den man hier hat. Allerdings muss man Zeit haben. Die oft nicht asphaltierten Wege sind nach Regenfällen mit dem Rad oft schwer oder gar nicht befahrbar. Ich stelle mir eine Fahrt auf einer staubigen Piste vor, hoffentlich im Schatten der ausgedehnten Wälder, und mitten am Tag, fern jeder Ortschaft, einen Wetterumschwung, einen Wolkenbruch, wie ich ihn vor ein paar Tagen in Litauen erlebt habe, nur länger andauernd. Erst betrachte ich das Naturschauspiel, beobachte die ersten Regentropfen, wie sie erst kleine Krater in den roten Staub schlagen, nach und nach die oberste Schicht dunkel zum Glänzen bringen, den Staub binden, und schließlich Schlammspritzer hochwerfen. In den folgenden Tagen würden die Straßen mit dem Rad praktisch nicht mehr befahrbar sein. Ich sehe ein Foto aus einem Diavortrag von einer Radtour durch Madagaskar in der Regenzeit vor mir, das eine schlammbedeckte Person zeigt, die sich in einem zu einer Grube erweiterten Schlagloch gegen ein Schlammbündel mit Speichen stemmt und offensichtlich versucht, dieses hoch auf die Fahrbahn zu schieben. Vielleicht sollte ich wirklich eimal zwei

Baltikum

Wochen durch Estland radeln, wenn ich mir dadurch eine Flugreise nach Madagaskar sparen kann.

Die Kinder meiner Gesprächspartnerin machen auch Radtouren - in den Süden, wie erwartet. Noch lassen sie sich nicht zu einer Radtour nach Norden überreden. Selber will sie immer wieder herkommen, weil sie so viel noch nicht entdeckt und ausgekundschaftet hat. Und ich war einmal mehr auf der Durchreise, bin halt immer noch in der Phase der flüchtigen Eindrücke, des Reisens um des Reisens willen.

Das Gespräch geht auch über Fahrradtechnik. Die Rohloff-Nabe mit vierzehn Gängen gilt unter Reiseradlern immer noch als das Non Plus Ultra der Gangschaltungen. Wieso ich an meinem besonders modernen Rad keine habe? Natürlich habe ich mir das überlegt, und mich in mehreren Geschäften und im Internet erkundigt. Schwer ist die Nabe schon, aber einen Teil des Gewichts spart man an anderen Anbauteilen wie Zahnkränzen, einem zweiten Schalthebel und der vorderen Schaltung wieder ein. Teuer ist sie, aber dafür hat sie weniger regelmäßigen Verschleiß. Allerdings werden die Ketten und Zahnkränze, die man einspart, nie den Aufpreis der Supernabe aufwiegen. Trotzdem war ich geneigt, in so ein Teil zu investieren, wegen der Vorteile der Kapselung. Zwar ist es mir grundsätzlich lieber, wenn die Technologie nachvollziehbar und reparierbar vor mir liegt. Einen defekten Schaltarm kann man eventuell mit etwas Draht wieder einigermaßen funktionsfähig machen. Bei einer Nabe braucht man oft allein zum Öffnen ein Spezialwerkzeug. Und um einen Fehler zu finden, ihn reparieren, das ganze Teil auseinandernehmen und wieder ordentlich zusammenbauen können, sollte man möglichst den fehlerfreien Zustand kennen. Bei einer Dreigangnabe ist das knifflig genug, bei einer Rohloff würde ich es gar nicht erst versuchen.

Ich habe schon erlebt, wie Edelbauteile, die als ewig haltbar gelten, zu den zweitungünstigsten Zeitpunkten kaputt gegangen sind, zum Beispiel ein edler Ledersattel oder der Freilauf bei der Premiumgruppe einer bekannten Marke. Trotzdem hätte ich Vertrauen in die Robustheit und Ausgereiftheit der Technik. Ausschlaggebend war, dass das Teil, nach mehreren voneinander unabhängigen Quellen, bei einem bestimmten niedrigen Gang recht laut sein soll. Das hat auch mein Fahrradhändler eingeräumt und gemeint, das müsse sich vor allem bei wenig bis mäßig steilen Passstraßen bemerkbar machen, bei meinem Rad direkt unter dem Kopf. Außerdem sei eine hochwertige Kettenschaltung auch sehr zuverlässig, leichter und viel günstiger. Der entscheidende Vorteil der Nabenschaltung liege an der einfachen Bedienbarkeit, was für mich kein Thema ist, da ich nach weit über hunderttausend Kilometern Erfahrung mit einer Kettenschaltung im Schlaf die Gänge wechseln kann. Die Radlerkollegen relativieren das mit der Lautstärke und bleiben dabei, dass die Vierzehngangnabe die bessere Wahl ist. Demonstrieren beziehungsweise ausprobieren können wir das allerdings nicht, weil die Rohloffräder viel zu kostbar für eine Estlandtour seien, vor allem wegen der hohen Diebstahlgefahr. Die beiden sind mit ihren alten Rädern hier.

Was nützt mir ein Rad, das ich zu Hause einsperren muss? Ich will fahren.

Auf der Suche nach neuen Taschen, gutem Essen und dem @

Aber erst gehe ich zu Fuß in die Altstadt. Die Mauer mit Stadttor sehe ich ja schon. Man muss kaum hundert Meter gehen, und schon ist man in einer anderen Zeit, eigentlich in anderen Zeiten. Man steht mitten in einer original erhaltenen Hansestadt von damals, als Tallinn zum Wirtschaftsraum Ostsee gehört hat, und St. Petersburg noch nicht erfunden war. Vermutlich hat es dieses Stadtbild etliche Male gegeben, eben in allen Hansestädten. So museumsreif komplett erhalten und restauriert ist diese Art von Stadt wohl nur hier. Als Museum kann man möglicherweise die Zukunft dieses alten Teils von Tallinn sehen. Aus der ganzen Welt kommen mit

Baltikum

dem Schiff oder Flugzeug Menschen, um sich dieses Original anzusehen oder einfach hier gewesen zu sein, machen ein paar Fotos und ziehen zur nächsten Attraktion, Sankt Petersburg, Neuschwanstein, dem Eifelturm, oder was auch immer die Autoren der gängigen Europareiseführer ausgesucht haben. In der Gegenwart ist ein Drittel der Altstadt noch eine Baustelle, und etliche Häuser haben noch eine Renovierung nötig. Einige Gassen haben kein intaktes Kopfsteinpflaster, sondern sind notdürftig geflickt.

Selber laufe ich natürlich auch durch die Gassen und schieße Fotos. Das ist einer der Gründe, warum ich hier einen Ruhetag einlegen wollte. Ein anderer ist, dass ich mir, bevor es ins furchtbar teure Skandinavien geht, noch einmal richtig den Magen voll schlagen möchte. Außerdem will ich von hier ein paar E-Mails abschicken. Schon vor Jahren habe ich gehört, dass dieses kleine, aus deutscher Sicht abgelegene Land in dieser Hinsicht sensationell gut ausgestattet sein soll. Im übrigen will ich mich umschauen, wie hier das Angebot an Fahrradzubehör ist. Ich habe nichts dagegen, meine inzwischen etwas lädierten Packtaschen durch neue zu ersetzen. Zelt habe ich auch noch keines. Und mit meinen Radschuhen bin ich zwar voll zufrieden, aber angesichts des Alters und dessen, was die Treter bereits mitgemacht haben, halte ich immer die Augen offen, ob es etwas gutes Neues gibt. Mithalten konnten bisher noch keine, und wieso sollte ich mit schlechteren fahren, solange die alten halten?

Auch durch modernere Stadtteile drehe ich ein paar Runden. Ich erkenne keinen wesentlichen Unterschied zu anderen größeren Städten in Europa. Es gibt Straßen jeder Größe und Beschaffenheit, Häuser in verschiedenen Altersklassen, und um das Zentrum vor allem Geschäftsviertel. Fahrradgeschäfte sind wie erwartet rar, aber vorhanden. Die nötigsten Sachen würde man bekommen, wenn man eines der heutzutage üblichen Räder wie zum Beispiel ein Mountainbike fährt. Die Auswahl ist eher spartanisch, und die Preise in etwa so, wie ich sie aus Deutschland kenne. Direkt an der Altstadt soll es noch ein großes Einkaufszentrum geben, Viru. Auf das werde ich von mehreren Leuten hingewiesen. Den Weg dort hin ziehe ich

Estland

über einen Hügel, von dem aus es eine interessante Aussicht geben müsste.

Langsam werde ich ruhiger und kann meine rastlosen Beine zu einer Pause bewegen. Ich kaufe sogar eine Ansichtskarte. Nach und nach erkenne ich einzelne Örtlichkeiten aus den vorher gegangenen Runden wieder, wie zum Beispiel eine Bäckerei mit Internetcafé, die eine nette Atmosphäre ausstrahlt, die durch das schöne Wetter und die Tische auf dem breiten Gehsteig unterstützt wird. Etliche junge Leute haben die gleiche Ansicht, so dass die Tische voll besetzt sind und sich vor der Verkaufstheke immer wieder Warteschlangen bilden. Von den Computerplätzen, die auf einer Theke in einem Nebenraum vor Barhockern aufgebaut sind, sind aber noch einzelne frei.

Ich frage mich durch, bis eine der Verkäuferinnen mir einen der freien Bildschirmplätze zuweist. Neben mir spielen fröhlich und selbstverständlich zwei kleine Mädchen. Die Verkäuferin wirft immer wieder mal einen Blick darauf, was diese auf dem Bildschirm haben.

Ich bin zwar zum ersten Mal überhaupt in einem Internetcafé, aber die Oberfläche, die auf dem Bildschirm zu sehen ist, kommt mir vertraut vor. Weniger vertraut ist mir die Belegung der Tasten auf der Tastatur. Solange ich nur Briefe verfasse, kann ich Umlaute und Satzeichen irgendwie umgehen. Die meisten Buchstaben passen, so dass ich mich schriftlich verständlich machen kann. Beim Abschicken wird es aber kritisch: Wie mache ich das "@", das Zeichen, das man bei jeder E-Mailadresse vor dem Domänennamen eingeben muss? Auf der üblichen Taste finde ich es nicht, obwohl es auch hier ganz deutlich draufsteht. Vergeblich probiere ich systematisch alle Tasten durch, mit allen möglichen Umschalttasten, die mir einfallen. Wo haben die Esten nur dieses Zeichen? Vielleicht wurde auch die Tastatur auf diesem Rechner unpassend eingestellt. Gerade habe ich einen relativ langen Brief geschrieben. Soll ich aufgeben?

Ich kopiere Zeichen, die ich mit der Tastatur nicht gefunden habe, auf eine Textseite, die ich mit einem Editorprogramm angelegt habe.

Baltikum

Die Tastenkombinationen für Kopieren und Einfügen funktionieren wie gewohnt, auch von Internetseiten aus. Bei der Suche nach dem "@" bemerke ich, dass dieses Zeichen gar nicht so häufig auf Internetseiten vorkommt, wie ich erwartet hatte. "Mail an ...", "Kontakt", oder einfach der unterstrichene Name des Adressaten sind zu lesen. Einfach den Quelltext anzuschauen, bringt auch nicht mehr das Ergebnis wie früher, da inzwischen die meisten Seiten dynamisch generiert werden, und man als Quelltext oft nur den Aufrufcode der Seite zu sehen bekommt, oder auch das Rahmengebilde. Die ersten "@", die ich finde, sind als Bild abgelegt.

Ich hatte vor, nur schnell ein paar kurze Nachrichten aus Tallinn zu versenden, auf halber Strecke zum Nordkapp. Daher hatte ich an der Theke angegeben, dass ich nur eine halbe Stunde surfen wollte. Die dürfte inzwischen um sein. Aber jetzt habe ich ein "@", und damit den Engpass zum Mailen bezwungen. Die erste Mail ist abgeschickt. Mir fällt auf, dass ich schwitze, mehr als in den letzten Tagen bei flachem Gelände und angenehmen Temperaturen beim Radeln. Gut, hier bläst kein Fahrtwind die Haut trocken, aber richtig heiß ist es trotz Sonne und der großen Schaufenster auch nicht. Und ich bewege nichts als meine Finger und Unterarme.

Ich tippe schnell noch ein paar Mails. Wer weiß, ob ich in den nächsten Wochen noch einmal Gelegenheit dazu haben werde, beziehungsweise, wie ich mit einer finnischen Tastatur zurecht kommen würde. Außerdem ist das hier ein guter Ort für eine Ansichtskarte oder einen Elektrobrief. Doch, die Hansestadt Tallinn fast am nordöstlichsten Ende der EU, und bis vor kurzem Teil der fremden, stets als bedrohlich verkauften Sowjetunion, dürfte als Absenderadresse Eindruck machen.

Dass ich hier länger gebraucht habe, ist kein Problem, inzwischen ist die Hauptverkehrszeit um, und immer mehr Bildschirmarbeitsplätze und sogar Bistrotische werden frei.

Nachdem ich mich noch mit einem heißen Getränk und etwas Gebäck gestärkt habe, setze ich meine heuristische Untersuchung von

Estland

Sport- und Fahrradgeschäften fort. Arbeitsziel ist, das Angebot an Packtaschen zu erkunden. Bisher war das Ergebnis dürftig. Der Markt hat einen eindeutigen Schwerpunkt auf Mountainbikes. Und Mountainbiker tragen Rucksack. Einzelne Radläden haben gar keine Packtaschen, oder nur in einer Ecke ein verstaubtes antikes Exemplar, das man aus Ehrfurcht vor dem Alter gar nicht stören möchte.

Immer wieder werde ich auf das Viru-Zentrum hingewiesen, das am Rand der Altstadt liegen muss. Nachdem ich noch einmal den wirklich malerischen historischen Stadtteil durchquert habe, erreiche ich das Gebäude. In München mache ich so weit möglich einen großen Bogen um solche Konsumtempel. Hier ist es eine Sehenswürdigkeit.

Grundsätzlichen Unterschied zu einer mehrstöckigen Einkaufspassage in Deutschland sehe ich vorerst nicht. Vielleicht ist hier das Angebot noch flacher und ermüdender. Erst war es eine willkommene Abwechslung, nach zwei Wochen Landstraße und Dörfern etwas anderes zu sehen, aber nach und nach wird es anstrengend. Ich freue mich auf Finnland, sogar auf die Schiffspassage morgen früh. Dann werde ich mich noch durch die Großstadt Helsinki winden, und danach wird es sehr, sehr ruhig werden, vielleicht sogar zu ruhig.

Einen Vorteil des großen komplett überdachten Gebäudes kann ich heute gar nicht schätzen: Bei ungemütlichem Wetter ist und bleibt man hier im Trockenen, und das für alle nötigen Einkäufe, und vieles, was man sonst in einer Stadt zu erledigen hat.

Im Viru-Zentrum gibt es auch Banken mit Schaltern zum Geld wechseln. Dort tausche ich um, was in estnische Kronen umtauschbar ist, also die restlichen Lats. Auf meinen Litar bleibe ich sitzen. Ganz in der Nähe ist eine große gläserne Spendenkiste aufgestellt. Die finden sicher einen Weg zum Umtauschen.

An Angeboten sehe ich nichts, was es nicht vermutlich auch in den Läden gibt, die ich vorhin in der Stadt gesehen habe. Aber hier ist alles unter einem Dach. Speziell der Laden mit der Radsportabteilung ist gar nicht schlecht sortiert, aber auch hier gibt es nur Packtaschen

Baltikum

in einer Qualität und Ausführung, wie sie in Deutschland vielleicht vor zwanzig Jahren üblich war, als zwei mal fünf Liter Packvolumen vollgepackt einen handelsüblichen Gepäckträger schon kräftig strapaziert haben, beziehungsweise Packtaschen ganz praktisch waren, um einen Rucksack oder eine Reisetasche auf dem Gepäckträger abzustützen. Ausrüstung für Fahrradtourismus hat offensichtlich in Estland noch keinen Markt. Die ausländischen Touristen bringen noch alles von zu Hause mit. Und vielleicht überspringt man hier - wie das Zeitalter des Fax - die Ära des Fahrrades, und geht gleich geschlossen zum Autoverkehr über. Die großen Entfernungen in dem dünn besiedelten Land sprechen dafür - und die lange nasskalte Jahreszeit.

Den Hauptgrund für meinen Ruhe- und Besichtigungstag habe ich nicht aus den Augen verloren. Restaurants habe ich bei meinem Rundgang vor allem im Bereich der Altstadt gesehen. Auf der Nahrungssuche werde ich mich also dort umschauen müssen. Ich frage mich ein wenig nach Empfehlungen durch, und lande in einem Spezialitätenrestaurant, das mir sehr vertraut vorkommt: Die kupfernen Braukessel, deren oberen Bereich man hinter der Theke sieht, erinnern mich stark an das Brauhaus in meiner Heimatstadt. Ähnlich ist es mit dem Angebot an Bier und Speisen. Aber „Dunkel" wird wie im Englischen „Dankel" ausgesprochen, und mit „Märzen" können vermutlich viele Gäste gar nichts anfangen. Ich erkläre Tischnachbarn die Biersorten. Jetzt bin ich, 2000 km von meiner bayrischen Heimat entfernt, Sprachexperte für die Biersorten in einem „original österreichischen Bierhaus".

Um wirklich genug Energie für die erste Zeit in Finnland zu haben, mache ich mich nach einem ausgiebigen weiteren Stadtrundgang wieder in die Ecke mit den Restaurants auf. Einige dürften bereits ihre Küche geschlossen haben. Vor anderen wird man freundlich von einem Kellner angesprochen. Normalerweise nervt mich das, aber diesmal ist es mir recht. Das Essen ist hier zwar gut doppelt so teuer wie auf dem Land, aber immer noch wesentlich günstiger als in Deutschland, und vermutlich in Finnland. Vor allem das Bier kostet nur einen Bruchteil. Und ich habe auf Bergtouren trainiert, auf Vorrat zu essen. Appetit habe ich auch, nach den harten zwei Wochen, die hinter mir liegen, und mit dem unendlich weiten Skandinavien vor Augen. Und ich habe Zeit. Schlafen kann ich auch auf dem Schiff, und viel habe ich mir für morgen nicht vorgenommen.

Als ich in meiner Unterkunft in meinem Schlafsaal, der inzwischen voll belegt ist, in mein Bett steige, bin ich nach wie vor zuversichtlich, dass ich ohne Wecker auskomme.

Tatsächlich wache ich nach wenigen Stunden erholsamen Schlafs wieder auf, ausgeruht und voller Vorfreude, und, ähm, ein Trick ist, dass Bier in ausreichender Menge die Nierenfunktion nachhaltig anregt, dass man sowieso nach wenigen Stunden aufwacht, weil ...

Ohne Licht und allzu viel Lärm zu machen, bekomme ich mein gesamtes Gepäck zu fassen und überlasse den bevorstehenden Tag in Tallinn meinen noch schlafenden Zimmergenossen. Aufpacken ist inzwischen Routine, den Weg zum Hafen hinunter habe ich mir gemerkt, und ich habe ein gutes Zeitpolster, als ich im Dunklen die noch leere Straße zum Hafen hinunterfahre. Auf nach Finnland!

Am Hafen bin ich nicht der erste. Auch andere warten bereits auf die Fähre - Autos. Während die Schlange länger wird und der Morgen dämmert, stellt sich nach und nach heraus, dass das Schiff mit Verspätung auslaufen wird. Demnach hätte ich noch eine gute Weile ausschlafen können. Egal, ich habe Zeit und Urlaub und kann mir auf dem Schiff eine Ecke zum Schlafen suchen.

Frisierte Frösche nach Fernost

Die Verzögerung hält sich in Grenzen, und ich darf zusammen mit den Autos in den Bauch des Schiffs einfahren, und bekomme dort einen Platz am Rand zugewiesen, wo ich mein Fahrzeug festzurren kann. Dann geht es durch irgendeinen Ausgang irgendeine Treppe hoch. Wohin laufe ich eigentlich? Wir durchqueren Stockwerke mit

Baltikum

Kabinen. Die Frau hinter mir scheint mich anzusprechen, vermutlich auf Estnisch oder Finnisch.

Irgendwann sieht etwas nach Aufenthaltsbereich aus. Die Geschäfte haben noch zu. Das Schiff legt bald ab. Ich suche und finde Sitzgelegenheiten an Deck. Alles konzentriert sich hier im Windschatten im Heckbereich. Von den Geschäften an Bord suche ich nur die Wechselstube auf. Dort will ich zuerst einige Euro in Finnmark umtauschen. „Die bekommen Sie bei mir nicht." Wie bitte? Finnland hat den Euro eingeführt. Aber meine estnischen Kronen werde ich los.

Während der Überfahrt unterhalte ich mich mit einer achtzehnjährigen Estin, die gerade ihre zweite Ausbildung abgeschlossen hat. Jetzt ist sie Friseurin und Bildhauerin oder Steinmetz. So genau ist unser Englisch nicht. Jedenfalls arbeitet sie am liebsten mit Stein, findet es aber nicht erstrebenswert, Frösche für Vorgärten zu meißeln. Auch möchte sie einmal woanders leben als in Estland. Japan fasziniert sie. Ich meine, dass ihre Werke wenigstens immer eine anständige Frisur hätten, auch als Frosch - japanische Frösche mit perfektem Haarschnitt.

Jetzt ist sie aber erst einmal unterwegs zu einem Camp mit Freunden in Finnland. Inzwischen kann sie mir noch dies und jenes über ihr Nachbarland erzählen, das sie schon besucht hat.

Auf einmal herrscht Aufbruchstimmung. Es wird ernst. Helsinki nähert sich ziemlich rasch - was wir vom Achterdeck aus natürlich nicht kommen sehen haben. Die Wege trennen sich abrupt, ich mache mich auf durch das Treppenlabyrinth zum Autodeck. Dieses füllt sich rasch mit Abgas. Meine Lunge bekommt quasi eine Monatsration im Voraus.

Finnland

Nette Leute und Nordsonne

Was ich von Helsinki sehe, wirkt schön, groß, sauber, hell und aufgeräumt. Trotzdem will ich als Zweites raus aus der Stadt - nach einem Picknick. Darf man hier in einem Park essen? In einem solchen suche ich eine Bank und packe verschämt meine Brotzeit aus. Meine Vorstellung von Helsinki ist eine unverschämt reiche Stadt, krasser als München, wo man nur zu Hause in der Luxusküche, an trendigen Grillplätzen oder im Restaurant isst, aber sicher nicht in einem Stadtpark, der zum Flanieren gedacht ist. Bald sehe ich aber, dass eigentlich jeder, der sich gerade hier aufhält, ein mitgebrachtes Essen verzehrt.

Auf dem Radweg durch die Häfen spricht mich ein Mann an, der mich bereits auf dem Schiff gesehen hat. Er ist Engländer und mit seiner Frau ebenfalls auf dem Weg nach Norden. Mit dem Wohnmobil picken sie sich landschaftliche oder kulturelle Rosinen raus und erkunden die Gegend dann vor Ort mit dem Rad. Vielleicht sehen wir uns weiter im Norden noch mal.

Die Strecke am Wasser entlang, vorbei an unzähligen Anlegestellen mit bunten Booten fast jeder Art, gefällt mir sehr gut. Ich kann kaum glauben, dass ich praktisch mitten in der Stadt bin, in einer Metropole. Trotzdem will ich heute noch raus in Richtung Nordosten. Järvenpää hat laut Verzeichnis eine Jugendherberge, liegt in der richtigen Richtung und ist nicht allzu weit weg. Nach Nordosten will ich, weil in dieser Richtung in den Karten am meisten Blau eingezeichnet ist, die meisten und größten Seen.

Finnland

Ein untersetzter Mann mit einem großen Eimer auf dem Gepäckträger, der fast bis zum Stadtrand in der gleichen Richtung unterwegs ist und passabel Englisch spricht, führt mich auf gepflegten Radwegen durch saubere freundliche Vorstadtsiedlungen. Sein Schwager hat ein Liegedreirad, das aber momentan in Reparatur ist. Wir sind nicht schnell. An einer leichten Steigung überholt uns sogar ein Rollschuhläufer. Trotzdem dürfte das die schnellste Möglichkeit sein, in die gewünschte Richtung zu kommen. Sonst braucht man erfahrungsgemäß viel mehr Zeit für Orientierung und unfreiwillige Umwege. So muss ich nur gemütlich mitfahren und erfahre nebenbei dies und jenes. Fast am Stadtrand erklärt mir mein Begleiter noch, wie ich weiterfahren muss.

Das ist sehr nett und hilft mir ein paar Kilometer weiter, aber der Ballungsraum ist hier natürlich noch lange nicht zu Ende, und damit das unübersichtliche Straßengewirr. Bei so einem engmaschigen Straßennetz kommt bei der besten Beschreibung bald der Punkt, wo mindestens zwei Wege in Frage kommen. Ich habe so etwas zwar geahnt, aber darauf verzichtet, wochenlang eine Helsinki-Karte mitzuschleifen, die ich letztendlich höchstens für ein paar Stunden brauchen würde. Ab morgen wird die Besiedlung und somit das Straßennetz wesentlich dünner, so dass meine recht grobe Karte ausreichen wird.

Bald durchquere ich ein Industriegebiet, mal umfahre ich eine Baustelle, bald kommt eine Wohnsiedlung, bald ein netter Radweg, der durch einen Park mit Bach führt, mal mache ich in so einem Park eine Picknickpause, bald habe ich keine Ahnung mehr, wo ich gerade bin.

Meine Voraussetzungen sind ähnlich, aber nicht identisch wie bei meinen früheren Touren vor 15 bis 18 Jahren: Ich habe mein Rad vor vier Monaten gekauft, und damit 4000 Kilometer Training hinter mir, ohne Gepäck, sporadisch mit Bergen - also quasi eine nagelneue Maschine, wenig Erfahrung damit, und nicht allzu viel Training. Vor allem aber habe ich wenig Ahnung von der Technik. Ein altmodisches Rennrad oder Reiserad kann ich vermutlich mit verbundenen Augen auseinander- und wieder zusammenbauen - wonach es schneller und leichter läuft. An meinem Tiefflieger gibt es Teile, mit denen ich rein gar keine Erfahrung habe, zum Beispiel die Federungen und die Scheibenbremsen. Viel mehr "neue" Technik ist an so einem Liegerad im Prinzip nicht dran. Die Vorderradnabe mit dem Nabendynamo muss einfach halten. Die Schaltung ist genau die gleiche wie an meinem anderen Rad. Den Sitz stellt man im Prinzip genauso ein wie einen Sattel: Schrauben lockern, Position ändern, Schrauben festziehen. In meinem Fall habe ich dazu Schnellspanner. Gut, dafür ist es an einem anderen Rad nur 1 Schraube. Die Führungsrohre, die den Rahmen und meine Beine vor der langen Kette schützen, und die Umlenkrolle sind einfach da. Die Kettenführung muss ich mir beim Wechseln merken. Die Befestigung der langen Plastikrohre ist optimierungsfähig. Irgendwann bricht ein Draht, und die Rohre werden von der Kette mitgezogen - in die Zahnräder oder die Umlenkrolle. Das macht hässliche Geräusche und zerfleddert die Enden der Rohre recht zügig, bis ich sie mit Schnur und Klebeband, meinen wichtigsten Ersatzteilen, so gut wie möglich fixiere. Ein Finne, dem ich das erzähle, als er mich fragt, wie ich mit meinem Rad zurechtkomme, schaut sich an seiner Baustelle um, und schenkt mir ein paar Plastikröhrchen, die vermutlich für Drainagezwecke gedacht waren. Das ist echt nett. Das Rad würde auch ohne die Rohre laufen, allerdings zum Leidwesen des Rahmens.

Ich versuche, mich grob nach dem Sonnenstand zu orientieren. In einer großen Stadt macht das Sinn und spart Zeit, wenn man noch weit vom Ziel weg ist. Eine Abweichung um ein paar Grad kann man jederzeit auf einer Querstraße korrigieren. Hauptsache, man muss nicht alle hundert Meter die Karte studieren, die ich in diesem Fall gar nicht hätte.

Die Straßen werden weniger, ich steuere auf nagelneuen breiten Radwegen auf den Flughafen zu, die Siedlungen weichen Wäldern. Stellenweise wird die Umgebung sogar felsig. Nur Straße und Radwe-

Finnland

ge wirken immer neuer. Erst als ich mehrmals die Flughafengebäude passiere und zu umfahren versuche, merke ich, dass ich in einer großen breiten Sackgasse mit vielen Seitenarmen gelandet bin. Nach dieser Erkenntnis drehe ich um. Aber wie weit muss ich zurück?

Ich treffe einen Rollschuhläufer, einen jungen, glatt rasierten Bären auf Rädern, der sehr schnell unterwegs ist und sehr gut Englisch spricht. Das könnte der sein, der uns überholt hat, als ich noch aus Helsinki hinausgeleitet wurde. Er streitet nicht ab, dass er das gewesen sein könnte. Seine heutige Runde hat fünfundzwanzig Kilometer. War das von jener Stelle aus nicht weiter? Wer weiß, welche Umwege ich seitdem gefahren bin.

Zumindest kann er mir einleuchtend einen Weg erklären, der nach Järvenpää führt. Ich muss nur einige Kilometer zurück, an eine Kreuzung, die ich schon mehrmals passiert habe, diesmal eine andere Straße wählen, bis zu einem Bahngleis fahren, und mich ab dort an dem Gleis orientieren, geradewegs nach Norden. Die Sonne müsste also um diese Uhrzeit immer leicht links vorne stehen. Links vorne, klar, hier steht die Sonne im Hochsommer schon mal im Norden!

Ich finde die beschriebene Strecke überraschend problemlos, durch Stadtrandsiedlungen mit flachen Häusern und großen Garagen, immer in Sichtweite vom Bahndamm. Nach einer Stunde lande ich auf einem autobahnähnlich angelegten zweispurigen Radweg. In dieser Ausführung kenne ich das aus Deutschland nicht. Der See, um den dieser Teerstreifen führt, ist bestimmt ein beliebtes Naherholungsziel für Menschen aus der Metropole Helsinki. Viele Skater, Walker und Nordic Walker sieht man hier. Die brauchen den Platz schon. Die Jugendherberge finde ich schon nach einer drei viertel Runde um den See, nach der Beschreibung von Passanten im Ort Järvenpää und von Walkern, direkt am Wasser. Davor fährt man unter anderem an einem Häuschen vorbei, das Villa Kokkonen heißt. Ob das mit dem bekannten ehemaligen Skispringer zu tun hat?

Nette Leute und Nordsonne

Egal. Die Jugendherberge hat noch Plätze frei. Billig wird die Reise wohl nicht. Dafür gibt es ein Einzelzimmer mit eigenem Bad. Das ist praktisch zum Wäsche waschen. Zum Baden ist der See optimal. Dafür, dass es in diesem Sommer bis heute nur geregnet haben soll, ist die Temperatur echt angenehm. Die Geschichte von den starken Niederschlägen in den letzten Wochen klingt angesichts des hohen Wasserstandes, der die Hälfte der Liegewiesen unter Wasser hält, glaubwürdig.

Am nächsten Morgen gibt es wieder ein Bad im gleichen See. So habe ich mir Finnland gewünscht: Den ganzen Tag Sonne, aber nicht zu heiß, sehr kurze Nächte und immer ein See in Reichweite.

Vorerst bin ich aber praktisch noch im Ballungsraum um Helsinki. Ständig durchfahre ich saubere kleine Ortschaften mit meistens gut ausgebauten Radwegen.

Auf einem davon kommt mir ein Liegeradler entgegen. Seine Maschine ist noch fast neu, und er stöhnt über die harten Berge.

Kurz später spricht mich jemand an einer Kreuzung an und fragt, wie schnell meine Maschine sei. Ich meine, nicht schneller als sein sportliches Mountainbike.

Das kannst du mir nicht erzählen. Ich fahre selber ein Liegedreirad, und die Speedmachine haben zwei Kollegen. Ich selber wollte mir nur das Fahren lernen ersparen. Leider ist meine Maschine schon in Reparatur, weil mich an einer Kreuzung jemand übersehen hat.

Ich erfahre, dass es in Helsinki ein Geschäft mit Liegerädern gibt. Darauf kann ich mich künftig berufen, wenn jemand sagt, so ein Rad habe er noch nie gesehen.

Finnland

Kettensägen, schwimmende Teppiche und 1001 warme Seen

An einer grünen Verkehrsinsel, um die herum momentan kaum Verkehr ist, habe ich einen Platten. Meine fast neuen, von vornherein profillosen Reifen zeigen keine Schnitte in den Laufflächen, in denen sich ein Stein oder ein Stück Glas oder sonst ein Fremdkörper einnisten und nach und nach durcharbeiten könnte. Auch ist kein Loch zu sehen, das auf einen Durchstich hindeutet. Der Schlauch hat aber eindeutig viel zu schnell Luft verloren. Bleiben als mögliche Ursachen ein Schaden am Ventil, ein Fremdkörper, der beim Montieren zwischen Schlauch und Reifen oder Felge geraten ist, oder eine zu lange Speiche, die das Felgenband durchstoßen hat.

Am wahrscheinlichsten ist aus meiner Sicht das Ventil die Ursache. Ich pumpe auf, um mich zu vergewissern. Tatsächlich höre ich, nachdem ich den Reifen einigermaßen prall aufgepumpt habe, ein leises Zischen aus der Richtung des Ventils. Der Speicheltest schließt aus, dass die Luft durch das Ventil selber entweicht. Demnach ist zu befürchten, dass das Röhrchen, das Ventil und Schlauch verbindet, an der Verbindung zum Schlauch ein Stück weit weggerissen wurde. Das hatte ich schon öfter. Mir ist nicht geläufig, wie der momentan montierte Schlauch konstruiert ist. Oft ist das Ventil so befestigt, dass es aussieht, als wäre alles aus einem Stück. Vermutlich ist die Verbindung geklebt und verstärkt, alles aus Gummi. Das ist jetzt wohl so üblich. Früher war diese Verbindung manchmal geschraubt. Mancher Schlauch ist damals nach einiger Zeit am Schraubenmutterrand eingerissen, der manchmal schon angerostet war, und damit besonders gut gescheuert hat. Bei den angeklebten Ventilteilen gibt es praktisch das gleiche Phänomen an der Bohrung in der Felge, die gerne recht scharfkantig ist: Durch leichte Bewegungen, zum Beispiel beim Pumpen, wird auf Dauer die verstärkte Gummiverbindung durch die grobe scharfkantige Bohrkante durchgesägt.

Kettensägen, schwimmende Teppiche und 1001 warme Seen

Um das zu vermeiden, wende ich seit Jahren einen Trick an: Um die Klebestelle vom Felgenloch fern zu halten, schraube ich eine der runden Feststellmuttern, mit denen normalerweise das Ventil an der Felge festgeschraubt wird, schon auf das Ventilteil, bevor ich den Schlauch montiere. So ist die Felge am Ende zwischen zwei Muttern, und die Bohrkante dürfte dem Schlauchgummi nicht zu nahe kommen. Zwar wird der Schlauch nach dem Aufpumpen um die derart geschützte Stelle herum stark deformiert, aber in den letzten Jahren, seit ich den Trick anwende, hat das noch zu keinem Problem geführt.

Lang genug sind die Ventilröhrchen auch, seit immer höhere Felgenprofile üblich wurden. Meine Felgen haben ein eher mäßig hohes Profil.

Die Maßnahme halte ich für nötig, seit ich es einmal geschafft habe, bei einer einzigen Reifenpanne gleich bei zwei Schläuchen das Ventilröhrchen vom Schlauch abzureissen.

Nachdem ich den Reifen in Ventilnähe aus Felge und Mantel befreit und das dortige Stück Schlauch freigelegt habe, und nochmals aufgepumpt, um direkt die undichte Stelle zu sehen, zu fühlen oder zu hören, bin ich überrascht: Bei meinem fast neuen Markenschlauch ist offensichtlich eine Klebestelle aufgegangen. So etwas habe ich noch nie gesehen. Man lernt nie aus. Ich raue den Schlauch um die undichte Stelle herum auf, setze einen Expressflicken drauf, montiere den Reifen wieder komplett, pumpe ordentlich auf und fahre weiter.

Bei der nächsten Tankstelle fülle ich noch etwas Luft nach. Yilmi heißt Luft. Vesi ist das Wasser. Das lerne ich aus den Beschriftungen der Piktogramme und Geräte, die am Gebäude zur angebracht sind.

Viele Sprachkenntnisse brauche ich aber insgesamt sowieso nicht. Abgesehen davon, dass die meisten hier Englisch können, und ich die meiste Zeit über allein auf der Straße unterwegs bin, erübrigt

Finnland

sich das Sprechen, im Gegensatz zu meiner Erfahrung im südlicheren Europa, sogar bei der Nahrungsbeschaffung. Kleine Lebensmittelläden sehe ich praktisch nie. Einkaufen kann ich in großen Supermärkten, die es immer wieder mal an Verkehrsknotenpunkten mit Tankstelle und Blumenladen gibt. Die wirken erschreckend modern und riesig, wenn man tagelang nichts anderes als Rentiere, Bäume, Teerstraße, Bäume, Blaubeeren, Seen und Bäume gesehen hat. Gut, ich hatte schon immer Mühe, mich in der scheinbar unendlichen Auswahl eines hektargroßen Supermarktes zurechtzufinden. Hier fallen mir die Einkaufswägen für Kinder auf, die wie große Plastikautos gestaltet sind, oder welche mit mehreren Körben, wo die Kinder ihren eigenen Einkauf extra ablegen können, zum Teil mit Aufsätzen wie bei einem Kinderkarussell auf einem Volksfest. Vermutlich macht das einigen kleinen Kindern so viel Spaß, dass die Muttis allein deswegen diesen Markt wählen. Na gut, für jeden, der kein Privatflugzeug und keine eigene Ölquelle hat, ist die Auswahl an Supermärkten in den dünn besiedelten Landesteilen begrenzt. Das Angebot wirkt teils exotisch, teils vertraut. In Bulgarien und Ungarn muss gerade Zwetschgenzeit sein. Das gibt bezahlbare Vitamine für mich.

Unangenehm finde ich, dass ich hier, im Land der tausend Seen und mit dem besten Trinkwasser der Welt, kaum Möglichkeiten finde, meine Wasserflaschen aufzufüllen. Dem herrlichen schwarzen Moorwasser in den Seen traue ich nicht als Getränk. Und die Getränkeflaschen sind hier relativ teuer. Bei meinem zweiten Supermarktbesuch stopfe ich die großen stabilen Plastikflaschen der Marke Hartwall in einen bereits übervollen Müllbehälter, was ein älterer Mann mit einem skeptischen Blick beobachtet. Dass es dafür Pfand gibt, habe ich erst beim nächsten Einkauf bemerkt. Die Automaten für die Pfandrückgabe hatte ich deswegen nicht erkannt, weil sie zwischen den Glücksspielautomaten, von denen jeder größere Markt mehrere im Kassenbereich aufgestellt hat, nicht aufgefallen sind. Erst dann habe ich den Blick des müden alten Mannes verstanden. Das war erstens Rohstoffverschwendung, und außerdem

Kettensägen, schwimmende Teppiche und 1001 warme Seen

ist der Tarif für Pfand hier wesentlich höher als in Deutschland. Und ich packe drei Meter vom nächsten Pfand-Glücksspielautomaten entfernt die kaum benutzten Teile in einen eh schon überquellenden Restmüllbehälter.

Selber finde ich den Platz für die Glücksspielautomaten exotisch. Das schaut irgendwie seltsam aus, wenn so eine Hausfrau nach dem Bezahlen noch mal schnell ihr Wechselgeld in so einen Kasten steckt, ein paar Sekunden auf die rotierenden Walzen starrt, und dann ihren Einkaufswagen weiter auf den Parkplatz schiebt. Vermutlich wohnen die meisten ganz idyllisch abgelegen irgendwo im Wald an einem See, sind sehr zufrieden damit, schätzen aber einfach den zusätzlichen Tick städtische Kultur - finnische Lebensart, von der ich auf dieser Reise nichts mitbekommen werde. Im Land mit den klügsten Kindern und den meisten Selbstmördern, wo es laut Klischee nur Abstinenzler und Alkoholiker gibt, werde ich voraussichtlich gerade einmal die Landschaft streifen. Die sechswöchige Reise ist an und für sich nicht mehr als eine Spritztour.

Da ich mich in so riesigen Märkten nicht wohlfühle, und immer versuche, möglichst schnell wieder draußen zu sein, wird mein Speiseplan etwas einseitig. Manchmal finde ich trotzdem im Vorbeilaufen etwas neues für mich im Supermarkt, zum Beispiel Hedelmä Leipä, Beerenbrot, also Brot mit getrockneten Beeren, also konzentrierte Energie.

Weiter im Norden, als das Netz von Ortschaften schon spärlicher wird, denke ich beim Vorbeifahren an einem Fahrradladen wieder an die Vorfälle mit meinen Packtaschen in Lettland. Der Händler macht mir wenig Hoffnung, aber wir finden doch ein Modell, das von der Größe her ziemlich genau meinen alten Taschen entspricht, sehr einfach konzipiert, aber augenscheinlich solide gearbeitet ist. Sogar eine Regenhülle ist eingebaut, für Skandinavien dringend notwendig, wie ich gehört, aber zum Glück bisher nicht erlebt habe. Nur ein Detail fehlt: Riemen zum Stauchen der Taschen. Damit befestige ich bei einer meiner alten Taschen mein Fähnchen. Da mir

Finnland

und dem Händler auf die Schnelle keine andere Befestigungsmöglichkeit einfällt, kaufe ich nur eine neue Tasche. Die ausgemusterte benutze ich als Stauraum auf dem Gepäckträger. Positiv überrascht bin ich, dass die neue Tasche nicht mehr kostet, als ich vor dreizehn Jahren für eine der alten bezahlt habe. Und sie ist wirklich ausreichend groß, und sogar ein Netz hat sie auf der Oberseite, zum Beispiel für feuchte Badesachen.

Vorerst sehe ich aber nicht allzu viel von den vielen Seen. Ich radle durch eine mal mehr, mal weniger flache Wald- und Weidelandschaft. Irgendwo am Rand der großen Lichtungen stehen meistens ein oder zwei Häuser. Zäune und Tiere sehe ich praktisch keine. Ortschaften berühre ich auch keine mehr.

Anfangs sind noch alle Straßen geteert, so dass ich gerne auf Nebenstraßen ausweiche. Die Sonne weist mir die Richtung, und auf einen Kilometer mehr oder weniger kommt es mir nicht an. Ich habe Urlaub. Umso weiter die Entfernung zur Hauptstadt wächst, desto öfter sind die kleinen Straßen Sand- und Schotterpisten, schlecht zu fahren für mein Rad.

Bald habe ich einen Zusammenhang zwischen dem Bild einer Straße auf meiner Karte und der Beschaffenheit des Straßenbelags hergestellt, der ganz passabel funktioniert. So komme ich doch recht zügig voran und erreiche einen See, direkt an einer frisch asphaltierten Straße. Genau jetzt ist Zeit für ein Bad und eine Pause. Die kurzen Nächte führen dazu, dass ich fast nie ausreichend schlafe. Vorhin bin ich richtig im Fahren eingenickt, und auf die Gegenfahrbahn geraten, bis mich ein langgezogenes Hupen aufgeweckt hat. Daher lege ich nach dem Bad ein Nickerchen ein, nachdem ich meinen Schlafsack, der nach den Regengüssen im Baltikum noch nicht ganz trocken ist, in die Sonne gebreitet habe. Jetzt bin ich mitten im geträumten Finnland, dem Land zwischen den Seen. Ich fahre mitten durch mein Ziel, bin im Urlaub. Die Zeit verschwimmt, dürfte gerne stehen bleiben.

Kettensägen, schwimmende Teppiche und 1001 warme Seen

Am Abend will es einfach nicht dunkel werden. Mein sensorgesteuertes Licht geht zwar an, und es kühlt ein wenig ab, aber die Sonne scheint noch am Horizont, der Himmel ist blau, und es bleibt angenehm lau. Soll ich wirklich noch in die nächste Ortschaft, um ein Quartier zu suchen? Ich beschließe, an einem See zu campen. Möglichst fernab einer Siedlung suche ich mir einen Badeplatz, schwimme eine Runde, mache ein Picknick, reibe mein Gesicht mit Mückenschutz ein und lege mich schlafen.

Bis es vermutlich tatsächlich dunkel ist, bin ich schon weg gedöst, mache eine Pause im Traumland. Als das Summen der Mücken lauter wird, ist es schon hell. Meistens wache ich genau zu Sonnenaufgang zum ersten Mal auf, aber dafür sind die Nächte jetzt zu kurz.

Ich fühle mich zwar schon munter, ziehe aber meine Schlafsackkapuze noch stärker zu, und versuche, noch ein wenig zu schlafen. Als ich doch auf bin, gehe ich gleich wieder in den See, den ich nur mit Fischen teilen muss, die ich in dem tiefschwarzen Wasser nicht einmal sehe. Bei den Gebäuden gegenüber bemerke ich noch kein Lebenszeichen. Die sind auch zu weit weg.

Als ich beim Frühstücken bin, kommt doch ein Auto. Eine Familie nutzt den Steg und den See, um einen großen Teppich zu waschen. Mit vereinten Kräften wird der vorsichtig zu Wasser gelassen und darf ein wenig schwimmen. Dann wird er gewendet. Nach kurzer Zeit wird er auf den Steg gewuchtet und darf sich sonnen. Das war es dann auch schon. Es geht wohl auch ohne Shampoo.

Mit einer Angel wäre ich hier richtig unabhängig: Fische gäbe es bestimmt überall, und Vitamine bekäme ich auch direkt neben der Straße: Sobald man einen Schritt in den Wald macht, steht man auf einem Blaubeerteppich. Man muss sich nur bücken und pflücken. Und Finnland hat viel Wald. Jeder zweite Finne soll direkt oder indirekt mit der Holzwirtschaft zu tun haben. Und man sieht, dass die fleißig sind: Auf tausend Kilometern Straße, die ich im Süden Finnlands durchfahre, gibt es nur Forst, in allen Wachstumsstadien, von

Finnland

frisch gerodet bis ordentlich nachgewachsen und bald wieder erntereif. Nationalparks mit etwas Urwald soll es aber auch geben.

Immer schöner kommen mir die Landschaften hier vor. Nach einem Anstieg liegt wieder ein satt buntes Moor mit einem See mittendrin vor mir, immer wieder, aber in unterschiedlichster Ausführung. Ich muss an Kalenderbilder denken. Ein Foto aus dieser Landschaft könnte man auf jeden Fall einen Monat lang täglich ertragen. Gerade hier macht mein Fotoapparat schlapp. Die Batterie ist leer. Ein oder zwei Bilder gibt es noch nach Pausen und langem Zureden, aber dann ist Schluss damit. Und hier gibt es nicht alle zehn Kilometer eine Ortschaft mit Fotogeschäft.

Natürlich bin ich in einem modernen europäischen Land. Aber Unterschiede zu Deutschland erkenne ich in den Ortschaften doch: Die meisten Häuser sind aus Holz, und das Angebot in den Schaufenstern ist anders: Hier dominieren Kettensägen und Schneemobile.

Streckenweise liegt jeder Parkplatz an einem See. P wie Padeplatz. Verkehr ist normalerweise sowohl tags als auch nachts sehr wenig, zumindest im Vergleich mit Deutschland. An manchen Rastplätzen gibt es ein oder mehrere Pavillons, die mich daran erinnern, dass ich von Finnland gehört habe, dass es dort oft, lange und heftig regnen soll. In den ersten eineinhalb Wochen in Finnland kann ich mir das ansonsten gar nicht richtig vorstellen. Jeden Tag habe ich strahlend blauen Himmel und Temperaturen um die fünfundzwanzig Grad. Nur die Nächte, die Tag für Tag kürzer werden, sind ein wenig kühler. Trotzdem wundere ich mich, dass das Wasser so warm ist, obwohl es erst seit meiner Ankunft in Finnland zu regnen aufgehört haben soll. Vielleicht liegt das an der dunklen Farbe der Seen und daran, dass jetzt fast rund um die Uhr die Sonne scheint. Ich weiß mein Glück und die paradiesischen Bedingungen zu schätzen, und nutze einige Badegelegenheiten. So habe ich mir Finnland gewünscht.

Die berüchtigte sommerliche Mückenplage war entweder eine Übertreibung, oder ich habe auch in dieser Hinsicht eine günstige Saison erwischt. Natürlich gibt es diese blutrünstigen Tiere hier, aber die Stiche an meinen Beinen lassen sich zählen. Allerdings fühlt sich ein Einstichhügel, der genau über meiner rechten Achillessehne liegt, auffällig an, als würde er wachsen oder seine Umgebung anstecken.

Die nächste Nacht schlafe ich in einem Parkplatzpavillon an einem See. Das Dach hält den Tau etwas ab, und ich gehe abends ein wenig schwimmen, und morgens gleich wieder. Am Morgen entdecke ich gleich um die Ecke im Wald öffentliche Toiletten, und an der Straße gibt es sogar einen Kiosk. Damit habe ich fast alles, was ich an einem Campingplatz nutzen würde.

Fischbrot, Blumen, Winterkrieg und Sommerende

Nachdem ich eineinhalb Tage lang in traumhaft schöner Landschaft keine Fotos schießen konnte, sondern mich damit begnügen musste, einfach die Umgebung, die frische Luft und das sonnige Wetter zu genießen, erreiche ich eine größere Stadt, Kuopio. Auf einem großen gepflasterten Platz, der von altehrwürdigen Gebäuden umgeben ist, von denen bestimmt eines das Rathaus ist, findet gerade ein Markt statt. Der Marktplatz ist links von der Straße, auf der ich gerade vor einer roten Ampel anhalte. Und mir gegenüber ist ein großes Fotogeschäft. Sofort erinnere ich mich an die leere Batterie und stelle mein Rad vor dem Laden ab. Die Sprache ist in diesem Fall kein Problem. Erstens kann die Verkäuferin wie viele Menschen in Finnland gut Englisch, und zweitens muss ich sowieso die Batterie aus meiner Kamera herausnehmen, was in diesem Fall ein Gespräch ersetzt. Es scheint eine Standardgröße zu sein. Sogar der Preis ist hier ziemlich genau so hoch wie vor Jahren in Deutschland.

Die Kamera ist also mit frischem Strom gefüttert, jetzt darf ich auch etwas Sprit bekommen. Tatsächlich besteht der halbe Markt aus Ständen mit Essen. Die meisten der Buden sind Wagen mit einer Ver-

Finnland

kaufstheke auf einer Seite. Ich entscheide mich für Fingernudeln mit Gemüse, ein aus der Heimat vertrautes Essen. Mit meinem Teller bekomme ich sogar einen freien Tisch. Ein Mann, der etwa mein Alter haben dürfte, setzt sich zu mir. Wir plaudern kurz. Ich habe den Eindruck, er würde mich einladen, wenn es nicht noch so früh am Tag wäre.

Etwas Mundvorrat könnte ich noch einkaufen. Wenn ich nur etwas besser Finnisch könnte. Auf einem der Wagen sehe ich ein Bild von etwas rundem mit Füllung. Darin steht eine ältere Frau vor ein paar brotgroßen Bällen aus Alufolie. Ich denke an eine Passage aus dem Reiseführer, den ich vor der Tour überflogen habe. Dort war von einem Brot die Rede, in das Fisch eingebacken ist, manchmal auch Fleisch. Ich gehe hin. Die Frau kann kein Wort Englisch. Immer wieder erklärt sie mir, was in den Broten jeweils drin ist. Ich verstehe kein Wort. Vermutlich sind es verschiedene Fischsorten. Ich deute auf ein mittelgroßes Päckchen, das etwa so groß ist wie ein drei viertel Kilo Brot. Wieder erzählt sie, was in diesem, und was in den anderen enthalten ist. Möglicherweise meint sie, ich hätte ihre Erklärungen nicht ganz verstanden. Das stimmt aber nicht ganz. Mir ist jedes einzelne Wort fremd. Nur durch sorgfältige Beratung hebt sich der kleine Händler von der wirtschaftlich übermächtigen Konkurrenz ab. Für zwölf Euro erstehe ich ein mittelgroßes, noch warmes, in Alufolie eingewickeltes Brot. Etwas Abwechslung in meiner Ernährung kann mir nicht schaden.

Meine Wasserflasche könnte ich noch auffüllen. Ich schaffe es nämlich immer noch nicht, öffentliche Wasserstellen zu finden. Neben einer Essens-Bude fällt mir eine offene Tür auf, hinter der sich ein Wasserhahn befindet. Ich stelle mein Rad ab und nehme eine Flasche von meinem Gepäckträger. Ruhig gehe ich in den Raum mit dem Wasserhahn. Wer sollte etwas dagegen haben? Außerdem achte ich darauf, dass mich niemand sieht. Einmal, als ich gerade eine frische Flasche hole, geht jemand von der Bude in den Raum. Ich warte einstweilen. Vier Liter müssten bis heute Abend genügen, und bis dahin komme ich hoffentlich an eine neue Quelle. Die Geträn-

Fischbrot, Blumen, Winterkrieg und Sommerende

kepreise in Finnland kommen mir nämlich verrückt hoch vor. Außerdem trinke ich sogar in einer deutschen Großstadt Leitungswasser, wo der nasse Stoff zig Kilometer in neueren und älteren Rohren hinter sich hat. Wieso sollte ich also ausgerechnet hier Importware trinken?

Was mir schon in der ersten Woche in Finnland aufgefallen ist, und sich in der ganzen Zeit immer wieder bestätigt hat, ist, dass es hier überall Blumenläden gibt. Jedes noch so kleine Zentrum hat mindestens einen davon, auch wenn dieses Zentrum in einer Tankstelle mit Supermarkt und Bistro an einer sonst leeren Straßenkreuzung besteht. Ob die bunten Pflanzen hier wegen der langen verschneiten und tiefgefrorenen Winter so beliebt und wichtig sind?

Was mir auch aufgefallen ist, ist die liebevolle, durchdachte Ausstattung der Rastplätze auf den durch endlos weites Niemandsland führenden Straßen. Wo es keinen See gibt, und in der Nähe keine entscheidende Schlachten im Winterkrieg stattgefunden haben, wird ein berühmter Mensch gewürdigt. Auf den Landstraßen sind das meistens Architekten und Ingenieure, in Ortschaften eher bildende Künstler, Schriftsteller und Lyriker. So kann man auch ohne Reiseführer dies und jenes über das Land erfahren.

Das Rastplatzthema, das auf meiner Strecke mit Abstand am häufigsten auftaucht, ist der Winterkrieg gegen Russland 1939/40. Die Tafeln zu den Mahnmälern sind mehrsprachig, auch Englisch, so dass ich nach und nach ein wenig lerne. Die Texte bemühen sich sehr darum, die Opfer beider Seiten gleichwertig zu würdigen.

Wenn die Straßen zu voll oder die ewig scheinende Sonne zu lästig oder der Wind zu entkräftend ist, oder einfach die Eindrücke zu viel werden, kann man sich in den Ortschaften auch in eine Kirche setzen. Die wenigen, in denen ich war, habe ich recht schlicht gefunden, friedlich hell und eine besondere Ruhe ausstrahlend, noch mehr, als dieses dünn bevölkerte Land sowieso hat. Und in jeder Kirche habe ich einen jungen Menschen mit einem Buch gesehen. Ob

Finnland

die- oder derjenige extra zum Aufpassen da war, oder wie ich noch mehr Ruhe gesucht hat?

Ich bekomme so manchmal wirklich Appetit, mit etwas mehr Zeit zurückzukehren und meine Eindrücke von der einen oder anderen Landschaft zu vertiefen.

Nach und nach scheinen die Seen weniger zu werden, und die Landschaft felsiger und karger. Bewaldet ist schon noch alles, aber die grüne Pracht wird zusehends dürftiger und knorriger. Als ich trotzdem gerade mal wieder an einem schwarzen See entlangfahre, bemerke ich, dass nicht allzu weit im Norden der Himmel ziemlich dunkel bewölkt ist, genau auf meiner Strecke. Wenn ich jetzt weiterfahre, steuere ich voraussichtlich direkt in ein Gewitter. Lieber schwimme ich vorher noch ein wenig. Wenn das ein Wettersturz ist, ist dies vielleicht die letzte Gelegenheit dazu für eine längere Zeit.

Steinig ist der Grund am Ufer hier, richtig felsig, wie an einem Bergsee. Er fällt auch sehr steil ab. Das wie überall pechschwarze Wasser hat für meinen überhitzten Körper genau die richtige Temperatur. Ob mir kaltes Wasser überhaupt auffallen würde? Vermutlich würde ich es aufheizen. Schön, wie sich Schweiß und Straßenstaub langsam von der Haut lösen.

Im Norden blitzt und donnert es, aber solange der Himmel über dem See blau ist, sehe ich keine Gefahr. Ich halte mich dennoch ganz in Ufernähe, um im Bedarfsfall wirklich schnell an Land gehen zu können. Als nach dem Schwimmen im Norden immer noch keine Ruhe ist, dezimiere ich meine Vorräte weiter. Regen nimmt einem Picknick einen großen Teil des Erholungswerts, also nutze ich aus, dass es noch trocken ist.

Schließlich wage ich doch die Weiterfahrt. Da die Strecke vorerst wieder durch einen recht dichten Wald führt, sehe ich erst einmal nicht viel von den Wolken. Einige Kilometer weiter ist aber die Straße ziemlich nass. Der Regen hat aufgehört. Am Himmel ziehen zwar jede Menge Wolken vorüber, aber heute könnte ich noch trocken

Fischbrot, Blumen, Winterkrieg und Sommerende

an mein Ziel kommen, einen Ort, an dem ein Campingplatz eingezeichnet ist.

Unterwegs sehe ich mein erstes Rentier, eines mit Glöckchen. Kurz später kommen zwei Frauen aus dem Wald. Wegen der Körbe, die sie dabei haben, vermute ich, dass sie Beeren oder Pilze sammeln. Möglicherweise gehört ihnen auch das Rentier. Von mir nehmen sie keine Notiz.

Später werden die Tiere häufiger. Scheu sind sie nicht, eher neugierig. Auffällig sind die großen Füße, mit denen sie auf Asphalt eine seltsame Gangart haben. Auf dem weichen Waldboden und bei Schnee sind die überbreiten Treter sicher vorteilhaft.

In der Abenddämmerung sehe ich ein massigeres Tier, das auf der Straße eine Pause zu machen scheint, entweder ein kapitales Rentier ohne das übliche Geweih, oder einen kleinen Elch. Ich versuche, mich zu nähern, damit ich das Tier genauer anschauen kann, aber bevor ich Einzelheiten sehen könnte, hat es sich bereits erhoben und ist in den Wald getrabt.

Der Campingplatz in Kuusamo liegt nicht direkt an einem See, sondern im Wald, dafür kann man sich ein Bett in einem Schlafsaal mieten. Ich habe Glück und bekomme einen Raum für mich allein, und das zu einem Jugendherbergspreis. Wie auf allen Campingplätzen gibt es mitten auf dem Gelände eine gut ausgestattete Küche, wo man sich etwas wärmendes kochen kann. Jetzt, da es zusehends herbstlich wird, weiß ich das immer mehr zu schätzen. Seit heute bin ich wenigstens mit Teebeuteln ausgestattet.

Nach Norden zu ist die Gegend immer einsamer geworden. Inzwischen könnte man nachts gefahrlos auf der Teerstraße schlafen - durchschlafen. Gebäude sieht man nur noch an den wenigen Straßenkreuzungen: Eine Tankstelle mit Blumenladen, ein Lebensmittelgeschäft, das überdimensioniert wirkt, selten andere Läden. Ja, wieder das Thema Supermärkte. Ich gestehe, dass diese mein wichtigster Kontakt zur finnischen Zivilsation sind - weil ich dort mein Essen bekomme, und auch als funktionaler Analphabet einkaufen

Finnland

kann. In etwas Abstand stehen bisweilen Miniaturausgaben eines Wohnblocks.

Die meisten Wohnhäuser sind im Wald versteckt. Die erahne ich nur anhand der Briefkästen, die an diskreten Einmündungen von Kiesstraßen aufgestellt sind. Selten erhasche ich einen Blick auf ein bewohntes Grundstück. Von den Gärten sind mir zwei Details in Erinnerung: Bären verschiedenster Machart und Größe, und kleine Windmühlen, Miniaturen von großen altmodischen Mühlen, mit etwa einem Meter Flügelspannweite.

Beim Beeren Sammeln entdecke ich, dass es zusätzlich zum Asphaltstraßennetz mit Gras bewachsene Schneisen im Wald gibt, die für Schneemobile ausgeschildert sind.

Polarkreis und Regen ohne Bogen

Einige Kilometer vor dem Polarkreis checke ich in einem Campingplatz ein. Der Platz liegt wie üblich an einem See, aber mir ist irgendwie zu kalt zum Schwimmen. Meinen Schlafplatz lege ich für den Fall der Fälle neben einen Pavillon. Als es gegen Morgen zu regnen beginnt, ziehe ich dahin um. Langsam aber stetig regnet es sich ein. Ich habe also jede Menge Zeit, weil ich, verwöhnt von einer Woche herrlich sonnig warmen finnischen Sommers, überhaupt keine Lust habe, in den von Wolkenbrüchen unterbrochenen kräftigen Regen aufzubrechen. Lieber rechne ich an Hand meiner Karten genau aus, wie viele Kilometer ich noch bis zum Polarkreis habe.

Nebenbei unterhalte ich mich mit einem älteren Pärchen aus Holland, das schon seit zwei Wochen mit dem Rad in Finnland unterwegs ist. Die beiden wollen auch über den Polarkreis.

Sie erzählen, dass es in Holland jede Menge Liegeräder gebe, aber auch andere, unter anderem einen kleinen Hersteller, der die Marke Rih vertreibt, nach dem Pferd einer Romanfigur von Karl May benannt, Kara Ben Nemsi. Von den beiden erfahre ich auch, dass bei

Polarkreis und Regen ohne Bogen

Rovaniemi in Finnland, ganz in unserer Nähe, auch am Polarkreis, der original amerikanische Weihnachtsmann wohnt, Santa Klaus. Davon hatte ich vorher keine Ahnung. Ich hatte ihn am Nordpol vermutet. Da wohnt der von dem Briten Tolkien. Jedenfalls sind beides recht kühle Wohnorte für einen gebürtigen Türken.

Ich verzichte darauf, ihn zu besuchen. Konkrete Weihnachtswünsche habe ich momentan sowieso nicht. Mein aktueller Wunsch liegt näher, zumindest zeitlich: Ich möchte in den nächsten Tagen das Nordkap erreichen. Das ist nämlich jetzt praktisch zum Greifen nah. Das Wetter war mehr als gnädig, praktisch optimal, mein Bein schmerzt nur nach Pausen, und vor allem beim Gehen, und meinen Sitz muss ich wohl einfach etwas flacher stellen, um noch besser gegen den Westwind anzukommen. Aufhalten kann mich jetzt nicht mehr viel. Ich habe tatsächlich noch mehr als zwei Wochen Zeit für wenige hundert Kilometer. Da würde ich sogar einen kurzzeitigen Wintereinbruch aussitzen. Und der liegt fern. Ich sehe keine einzige Schneeflocke im Landregen. Rovaniemi lasse ich in großem Abstand links liegen.

Gegen Mittag macht der Regen tatsächlich eine Pause, und ich traue mich auf die Straße. Wie angesichts der Wolken zu erwarten war, bleibe ich nicht lange trocken, und um den Polarkreis gießt es richtig, so dass auch meine modernen Regensachen nichts mehr nutzen. Im Café am Polarkreis sitzen die beiden Holländer von vorhin und winken mir durch das Fenster zu. Ich winke zurück und fahre ein Stück weiter. Dabei denke ich an die Landkarten und den Globus, und mir erschließt sich ein Geheimnis: Die gestrichelte Linie am Polarkreis bedeutet massive Regenschauer, oder auf bairisch Schnürlregen! Und ich bin mitten durchgefahren, und jetzt, direkt nördlich von dieser Linie macht der Himmel auf, und ich muss an das Bild denken, von dem ich kurz vor der Reise einer Bekannten geschrieben habe: an den Regenbogen am Polarkreis. Es ist ja wirklich klassisches Regenbogenwetter, und ich warte mindestens eine halbe Stunde oder auch länger auf das Bild, bis es wieder zu stark nach Regen ausschaut, und ich doch weiterziehe.

Finnland

In Kemijärvi treffe ich wieder das holländische Pärchen. Wir gehen gemeinsam Kaffee trinken. Die beiden wollen im Ort eine Unterkunft suchen, und ich nehme mir vor, bis Sodankylä weiterzufahren.

Nach spätestens zwanzig Kilometern halte ich die Entscheidung für einen Fehler. Es ist nass und kalt, und ich fühle mich müde. An dieser Müdigkeit liegt es vielleicht, dass ich am frühen Abend in Pelkosenniemi an einem kleinen Hotel vorbeifahre, sehr wohl bewusst, dass ich bis Sodankylä noch einige Stunden brauchen würde, vorher vermutlich kein Hotel und kein Campingplatz mehr kommt, und es noch weiter regnen kann.

Irgendwie hat die Gegend auch bei strömendem Regen etwas malerisches. Wenn ich ein Zelt hätte, könnte ich jederzeit auf dem nass leuchtenden Boden des sehr lichten Waldes mein Lager aufschlagen und meinen Benzinkocher anwerfen. So strample ich durchnässt und immer mehr frierend auf Automatik geschaltet weiter. Unvernünftig und kontraproduktiv ist das. Zwar mache ich heute noch Kilometer, verbrauche aber unnötig Energie, die mir morgen fehlen wird. Wenn man weiterkommen will, ist es manchmal vorteilhaft, eine Etappe abzubrechen, wenn es nicht gut läuft, und Kräfte zu sammeln, möglicherweise auch das Fahrzeug zu warten. Dann geht es am nächsten Tag erfahrungsgemäß besonders gut, so dass man möglicherweise sogar besonders weit kommt. So bin ich dabei, mich von Etappenziel zu Etappenziel zu schleppen und täglich an Kraft zu verlieren. Das Ziel, an meinem Geburtstag am Nordkap zu sein, wird immer weniger realistisch. Aber das Kap selber rückt Kilometer für Kilometer näher.

Durchgeweicht erreiche ich tatsächlich noch vor Mitternacht Sodankylä. Mich friert derart, dass ich kaum Lust habe, zu duschen. Mir fallen die vielen Italiener auf, viel wärmere Temperaturen gewohnte Südländer, die kurzärmelig herumlaufen, während ich alles überwerfe, was einigermaßen trocken ist, und immer noch vor Kälte schnattere. Ich bin wohl einfach solch lange Regenfahrten nicht gewohnt, und etwas entkräftet.

Hungrig auf Goldkurs

In Sodankylä treffen sich zwei Hauptstraßen. Ich hatte einen Bogen nach Osten gemacht, wo sehr wenig Verkehr war. Jetzt bin ich auf einer der beiden Hauptstrecken, die durch Finnland in Richtung Nordkap führen. Da die Region hier recht dünn besiedelt ist, hat ein erheblicher Anteil der Fahrzeuge auf der Straße ausländische Nummernschilder. Vor allem sind viele Wohnmobile unterwegs.

Die Strecke ist nach wie vor bewaldet, die Schilder an den Parkplätzen erzählen weiterhin vom Winterkrieg. Außerdem gibt es Abzweigungen mit Holzschildern, die sogar vereinzelt in Englisch sind, und etwas von Gold erzählen. Womöglich gibt es hinter dem Wald Bäche, in denen es von Goldsuchern wimmelt.

Ortschaften gibt es praktisch keine. Ich hoffe, dass ich meine Vorräte rechtzeitig auffüllen kann, bin mir aber nicht sicher. Finde ich noch Blaubeeren?

Spät am immer noch hellen Abend erreiche ich Tankavaara. Hier gibt es zwar weit und breit keinen See, aber einen Nationalpark, ein Hotel und einen Campingplatz mit Hütten.

Die Rezeption ist im Restaurant der kleinen Siedlung. Das Gebäude ist einem Saloon aus einem Western nachempfunden, schaut voll touristisch aus, passt aber in die raue, wilde Gegend. Gäste sitzen keine mehr im Saloon. Es ist auch schon mal wieder recht spät.

Bier wird um diese Uhrzeit keines mehr ausgeschenkt oder verkauft, zumindest kein richtiges. Die Küche hat auch schon zu. Ausgerechnet heute passt mir das gar nicht. Ich erstehe ein Fläschchen der Kategorie 1, fast alkoholfrei, mein erstes Bier in Finnland.

Finnland

Außer meinem Hüttenschlüssel bekomme ich eine englischsprachige Dorfzeitung. Jetzt gilt es, die richtige Hütte zu finden. Die massiven kleinen Blockhütten verteilen sich in einem Wäldchen. In der Zeitung lese ich, dass das ganze Gelände eine Art Museum ist, das die Goldgräberzeit darstellen soll. Die Hütten sind Prospector-Häuschen aus der Goldgräberzeit nachgebaut. Oder sind sie wirklich so alt? Sie schauen eigentlich recht frisch aus, aber so ein massives Blockhäuschen hält sich vielleicht ganz gut? Jedenfalls müssten sich hier auch die Wintermonate überleben lassen. Die Hütte ist mit einem Kaminofen und Holz ausgestattet. Urlaub hier mit Ausflügen im Nationalpark müsste urig sein.

Überhaupt gefallen mir in Finnland als Unterkünfte am besten die Hütten, Mökit, meistens wunderschön an einem See gelegen, oft mit Heizmöglichkeit und Kühlschrank ausgestattet. Eigentlich ist mir der Luxus egal, aber im regnerischen Frühherbst weiß ich einen trockenen Platz über Nacht zu schätzen. Wenn ein Heizkörper dabei ist, bekommt man sogar über Nacht einzelne Kleidungsstücke trocken.

Ein Gebäude mit einer größeren Selbstversorger-Küche gibt es sowieso in der Mitte jedes Platzes. Obwohl auch die Saunen allgegenwärtig sind, bin ich nie zum saunen gekommen, weil ich die Angewohnheit habe, bis zur Abenddämmerung zu fahren. Wenn diese erst gegen Mitternacht eintritt, hat niemand mehr seine Sauna an. Aus dem gleichen Grund ist auch mein Bierkonsum nicht sehr hoch, da es eine Art Sperrstunde gibt, ab der alkoholische Getränke nicht mehr ausgeschenkt werden dürfen.

Was für ein Unterschied ist das zu meiner ersten großen Radtour vor siebzehn Jahren, als ich achtzehnjährig und anfangs überhaupt nicht trinkfest immer wieder zu ein paar Glas hausgemachten Slivovic eingeladen worden bin. Danach hatte normaler Slivovic für mich den Geschmack von Zwetschgensaft. Und jetzt, vom günstigen Bierpreis in Polen und im Baltikum verwöhnt, lebe ich fast abstinent. Da so etwas zum Land zu gehören scheint, macht es mir aber nichts

Hungrig auf Goldkurs

aus. Dafür gewöhne ich mich nach und nach an Kaffee. Den hatte ich bis vor wenigen Jahren gar nicht ausstehen können. Hier lerne ich ihn als wärmendes Getränk zu schätzen, das entlang der Landstraße an fast jeder Ladenkasse erhältlich ist, mindestens alle hundert Kilometer.

Bei einem Rundgang auf der Suche nach den örtlichen Nasszellen treffe ich Leute aus aller Welt an.

Am Ende des Hüttenbereichs trifft man öfters auf schmale Gleise. Tagsüber kurven hier vermutlich Touristen auf einer Spielzeugbahn durch das Goldgräbergelände.

Auf einmal stehe ich in einer echten Goldgräberstadt wie aus dem Fernsehen. Vom Willkommensplakat am Eingang grüßt ein alter Bekannter: Charlie Chaplin.

Außer Gold gibt es hier Bären in rauen, nein flauschigen Mengen. Der Wirt ist einer der größten Stoffbärensammler seiner Zeit. Einige der Tiere habe ich schon im Saloon gesehen. In der „Lokalzeitung" ist ein großer Artikel über die Sammelleidenschaft des Chefs, dessen Foto genauso gut zu einem der vollbärtigen Goldsucher oder Holzfäller aus alten Filmen passen würde. Seine Identifikation mit dem Sammelobjekt geht laut Zeitung so weit, dass er sich bisweilen dabei ertappt, dass er in einem Laden einem in Plastik verpackten Bären mit den Fingern ein Atemloch bohrt.

Bevor ich aufbreche, unterhalte ich mich mit einem jungen Spanier. Der hat schon einmal eine Probefahrt mit einem Liegerad gemacht. Damals hatte man den Probefahrern beim Anfahren geholfen, indem man sie angeschoben hat. Als ich losfahren will, bietet er mir auch so eine Starthilfe an.

Dass ich vom Goldgräbercampingplatz aufgebrochen bin, ohne im dortigen Restaurant gegessen zu haben, erweist sich als gefährlich optimistisch. Schon nach wenigen Kilometern weist mich mein Magen knurrend darauf hin, dass mein Energietank fast auf Reserve ist. Meine Vorräte sind nicht mehr der Rede wert. Vor wie vielen Tagen habe ich eigentlich den letzten Lebensmittelladen gesehen?

Finnland

Natürlich, wer sollte hier schon einkaufen? Warum wohnt in dieser schönen Gegend kaum jemand? Mir wird wieder einmal bewusst, dass ich in einer bevorzugten Jahreszeit hier bin und bisher ein für diese Region ungewöhnlich schönes Wetter erwischt habe, mit ganz wenigen Regenstunden. Hart genug ist es trotzdem, wenn man Hunger hat.

In dieser Region müsste es Bären geben. Jetzt im Spätsommer dürften die schon eine ordentliche Portion Fleisch abgeben. Aber Bären sollen eher scheu sein, und wilde Tiere spüren normalerweise, wenn es gefährlich wird. Statt dessen kommt mir ein Radfahrer entgegen, vergleichsweise mager, maximal eine Zwischenmahlzeit und trotz seines eher jungen Alters bestimmt recht zäh.

Mir kommt ein junger Radler entgegen, ein Deutscher mit Zeitfahrlenker. Wir unterhalten uns kurz. Er ist statt zum Nordkap zum nördlichsten Punkt auf dem europäischen Festland gefahren, zum Nordkinn. So ist er dem Trubel entgangen. Nur der Wind hat ihm zu schaffen gemacht, trotz seines Zeitfahrlenkers, aber ich müsste da ja einen noch größeren Vorteil haben. Und jetzt ist er auf dem Rückweg - und in Lebensgefahr, weil mein Hunger wächst. Aber er kann ja nichts dafür, dass mein Magen knurrt.

Bald sehe ich Häuser. Die meisten haben geschlossene Fensterläden. Ist Nachsaison? Sind das Ferienwohnungen? Schilder weisen auf Gastronomie hin. Oder ist das eine Illusion, die alle meine Wahrnehmungen in diese Richtung deuten lässt? Auf dem Berg da vorne müsste ein Restaurant sein. Ob das auf hat? Ob ich die Schilder richtig interpretiert habe?

Das langgeduckte Holzhäuschen vor mir könnte ein Café sein. Vielleicht gibt es da auch was zu Essen. Ich krame vorsichtshalber den Sprachführer aus meiner Bauchtasche. In dem Moment kommt mir eine Gruppe touristenbunt gekleideter Leute aus dem Häuschen entgegen. Offensichtlich ist geöffnet. Die Leute machen mir allerdings wenig Hoffnung, dass ich etwas zu essen finden werde. Gefrühstückt haben sie hier, aber das war vorbestellt.

Hungrig auf Goldkurs

In dem Raum mit der Theke sitzt ein einzelner Gast. Eine Frau steht hinter der Kasse, neben einem Kaffeeautomaten. Der Einrichtung und der Karte an der Wand nach gibt es hier nur Getränke. Ich bestelle einen Kakao, der hat die meisten Kalorien. Hier spricht niemand Englisch, also blättere ich im Sprachführer, während die Wirtin mit dem Kakao beschäftigt ist. Endlich finde ich das Wort für Essen: Ruoka.

Die Wirtin versteht das Wort. Allerdings setzt sie einen bedauernden Gesichtsausdruck auf. Schade, aber es hätte ja klappen können. Dann erzählt sie etwas, aus dem ich das Wort Suppe herauszuhören glaube. Sie habe nur Suppe, und die koste fünf Euro. Das würde mir schon ein paar Kilometer weiterhelfen. Sie scheint zu erwarten, dass ich fünf Euro für Suppe zu teuer finde, aber ich bin einverstanden. Warme, flüssige Nahrung mit ein wenig Einlage wäre jetzt praktisch ideal.

Sie schickt mich in einen größeren hellen Raum am anderen Ende des Gebäudes, der mit langen massiven Holztischen und Bänken eingerichtet ist, und einem Buffet. An den Wänden fallen mir viele kleinere gerahmte Schwarzweißfotos auf. Zwischen dem Gastraum von vorhin und dem Speiseraum hier dürfte sich die Küche verstecken.

Auf dem Buffet stehen offensichtlich Reste von dem Frühstück, von dem die Gäste von vorhin erzählt haben, zumindest die Sachen, die noch nicht weggeräumt worden sind. Übrig sind Brot, Margarine, ein Glaskrug voll Wasser und ein Suppenkessel auf einer Heizplatte. Der ansehnliche Kessel ist halb voll. Ich bekomme einen tiefen Teller, und die Wirtin deutet auf den Schöpflöffel. Damit werde ich allein gelassen.

Ein Teller warme Suppe und ein Stück Brot dazu, das ist jetzt genau richtig. Das Süppchen ist schön gehaltvoll. Ob die zarten Fleischstückchen von einem Rentier stammen? Eigentlich sind die anmutigen Tierchen zu schade zum Essen. Andererseits werden sie ja genau zu diesem Zweck gehalten - sofern man bei der praktisch wilden

Finnland

Lebensweise von Haltung sprechen kann. Ob man nachfassen darf? Dafür ist der Schöpflöffel wohl gedacht. Notfalls kann ich auch zwei Teller bezahlen.

Suppe lässt sich ohne Ende löffeln, wenn man ein wenig ausgehungert ist, zumindest ein paar Teller. An den Wänden verteilt sich eine Fotoausstellung über das harte und gefährliche Leben, das die Bewohner dieser an mindestens neun Monaten ziemlich unwirtlichen Gegend führten, bevor die Industrialisierung sich bis hierher ausgebreitet hat.

Als ich augenscheinlich mit dem Essen aufgehört habe, kommt ein Mann aus der Küche, den ich für den Koch halte, schaut in den Kessel, wie viel übrig ist, und trägt ihn in die Küche.

Gestärkt strample ich weiter nach Norden, auf einer Straße, deren Belag Rückstände aus der Goldgewinnung beigemischt sind. Laut meiner Dorfzeitung von gestern enthält die Straßendecke eines bestimmten fünfzig Kilometer langen Teilstücks einige Tonnen Gold. Ich sehe nichts davon. Der Belag ist so grau wie woanders auch.

Inzwischen ist die Goldsucherei als Einkommensquelle in dieser Gegend vermutlich mehr und mehr dem Tourismus gewichen. Allerdings ist die goldsüchtige Vergangenheit nach wie vor präsent. In Tankavaara habe ich das ja deutlich gesehen, und auch nördlich davon wird Gold suchen in jedem Waldhotel angeboten. In Wildwestschrift bedruckte Holzschilder zu den verschiedenen Schürfstellen sieht man immer wieder. Einzelne Leute sollen auch noch ernsthaft nach Gold schürfen. Vielleicht bescheren dieser Teil der Geschichte und der nach wie vor vorhandene Zauber des Wortes Gold der Region heute mehr Einkommen denn je.

Mein rechter Fuß fühlt sich immer unangenehmer an. Ich gewöhne mir an, jedes Mal, wenn ich angehalten habe, den Knöchel zu massieren, bevor ich weiterfahre. Sonst tut es beim Losfahren ziemlich weh, als ob die Achillessehne am reissen wäre. Nach einem Kilometer Fahrt merke ich aber kaum noch etwas.

Regenbogen

Der Sommer ist wohl vorbei. Es bleibt kühl, manchmal gibt es einen Regenschauer. Bei den ersten Regengüssen habe ich noch versäumt, die Sachen in meiner Bauchtasche vor Regen zu schützen. Daher schauen jetzt einige Papiersachen, wie mein praktisch neuer Sprachführer, ziemlich mitgenommen aus - dieser langen Reise würdig. Bald ist aber alles sicher in Plastiktüten verpackt. Leider saugt mein Gehirn weniger finnische Wörter auf als der Sprachführer Wasser.

Aber das Wort für Willkommen, Tervetuola, kann ich schon erkennen, und päivän - täglich. Das lese ich vor und an jeder großen Kreuzung, so alle 50 bis 80 Kilometer, wenn es auf einen Supermarkt zugeht. Die meisten von denen sind mit einem großen K beschriftet. Ich lerne, dass es K-Märkte in verschiedenen Kategorien gibt, je nach Größe. Die meisten sind viel größer, als ihre fast einsame Lage vermuten lässt. Im Wald verteilt müssen doch einige Menschen wohnen. Außerdem ist das Einzugsgebiet riesig, gewaltig.

Inzwischen rechne ich mit einer Einkaufsmöglichkeit pro Tag, und kaufe dem entsprechend ein. Leider gibt es an der Straße keine Brunnen, wie ich es aus den Bergen gewohnt bin, so dass ich immer eine größere Menge Getränke transportiere, mindestens so viel, wie bis zur nächsten großen Kreuzung oder angepeilten Übernachtungsmöglichkeit reichen muss.

Weniger planbar ist das Wetter. Seit ich den Polarkreis passiert habe, regnet es sehr oft. Schnell gewöhne ich mir an, Regenpausen zum Essen zu nutzen. Manchmal habe ich richtig Glück, wie auf der Goldstraße:

Ich bekomme langsam Hunger, es hat zu regnen aufgehört, und vor mir liegt ein See. Ich schiebe mein Rad ein Stück den Kiesstrand hinunter, an dem ich ein Picknick machen möchte. Da ist er auf einmal, der Regenbogen, brillant leuchtend vor dunklen Wolken über schwarzem Wasser, mit einer zweiten Spiegelung, die selber noch richtig leuchtet. Ein doppelter Regenbogen. Den muss ich Andrea

Finnland

schicken. Der habe ich vor der Reise geschildert, was für ein Bild ich von so einer Finnlandreise vor mir habe: Ich stehe patschnass am Polarkreis, und vor mir ist ein gewaltiger Regenbogen in kristallklarer Luft. Und da ist er.

Angesichts des Wetters steckt mein Fotoapparat gerade jetzt regensicher verstaut in einer meiner Packtaschen. Bis ich mit meiner lädierten Achillessehne zum Rad zurückgesprintet bin, ist von den Regenbogen gerade noch die Hälfte übrig, aber auf dem Dia sieht man einen noch recht deutlich. Auch das Ende sieht man, am gegenüber liegenden Seeufer, und das mit dem Gold kann man hier womöglich wörtlich nehmen, weil die Gegend recht goldhaltig war und vielleicht noch ist. Soll ich den Goldtopf vom Ende des Regenbogens holen? Ich müsste nur um den See herum und ein Stückchen in den Wald. Aber mein Rad ist sowieso schon fast überladen.

Am Abend erreiche ich ein Gewässer am Polarkreis mit fünf Buchstaben, das alle Kreuzworträtselfreunde kennen dürften: den Inarisee, der eigentlich nicht am Polarkreis liegt, sondern weit nördlich davon. Mit seinem Einzugsgebiet nimmt er so viel Platz ein, dass es nicht einmal für eine Straße drum herum reicht, auch nicht, wenn man die Straße auf der russischen Seite dazu nimmt. Das Seengebiet grenzt im Norden fast ans Polarmeer, und im Osten an Russland. Ich streife nur die südwestliche Ecke. Genau genommen halte ich einen kleinen Nachbarsee für den Inarisee, sehe einen Campingplatz und möchte dort eine Hütte mieten. Leider ist schon alles besetzt. Das ist insofern kein Wunder, als sich an dieser Ecke mehrere Straßen treffen. Ich verzichte auf eine aufwändige Herbergssuche und suche mir eine trockene Ecke auf dem Gelände.

Ein Deutscher mittleren Alters versucht, andere zu überzeugen, dass auch bei diesem kühlen Wetter ein Bad im See jetzt genau das richtige wäre. Viel Glück mit der Überzeugungsarbeit!

Ich sitze am See und schaue der Sonne beim Untergehen zu, warte ein wenig in der Dämmerung, bis sie wieder aufgeht. Später unterhalte ich mich mit einem Mädchen aus Oulu, einer jungen Frau, die mit ihrer Freundin auf Lapplandreise ist, von Nationalpark zu Nationalpark und ans Nordkap. Wir haben fast den gleichen Zeitplan - fast.

In Ivalo gehe ich in eine Apotheke und erzähle der jungen Apothekerin, dass ich eine Salbe bräuchte. Dabei zeige ich auf meinen Knöchel. Sie scheint zu verstehen und gibt mir eine blaue Tube. Icepower Wärmegel. Vermutlich hat sie genau erraten, was ich brauche. Zudem wird so eine Apothekerin ja eine gewisse Erfahrung haben.

Gegen den Wind

Ab dem Inarisee steuere ich auf die norwegische Grenze zu und habe bis dahin ein gutes Stück in Richtung Westen vor mir. Inzwischen ist es wesentlich weniger waldig, und der Westwind beständig und kräftig. Ich weiß den Vorteil zu schätzen, dass mein Liegerad vergleichsweise flach ist. Trotzdem spüre ich den Wind. Daher stelle ich den Sitz noch flacher, so flach es geht. Ich habe das Gefühl, dass die flachere Lage meinen lädierten Fuß weniger belastet. Vielleicht hilft eine noch gestrecktere Position noch besser. Ich ziehe den Rahmen noch ein gutes Stück in die Länge. Zumindest habe ich jetzt erst mal das Gefühl, schneller geworden zu sein. Der Himmel ist weiß-blau, und mein Kurs gerade. Morgen werde ich im Laufe des Tages eine Rechtskurve machen, dann geht es direkt aufs Nordkap zu!

Nach einem Supermarkteinkauf bemerke ich beim Anfahren an einem Berg, dass mein Hinterrad bremst. Es fühlt sich an, als ob mein Gewicht den Sitz auf den Reifen drücken würde. Wenn ich ganz ruhig und rhythmisch und gleichmäßig fahre, ist es gut, aber sobald ich beschleunigen will oder eine Unebenheit überfahre, fühlt es sich so an, wie wenn ich an den Bremsen ziehe.

Ich schaue mir an, was diese abrupten Bremsungen verursacht hat. Das Ergebnis meiner Analyse ist eindeutig: Mein hinteres Schutz-

Finnland

blech ist zerfetzt, genau dort, wo bei starker Einfederung die Sitzschale den Reifen berühren würde, wenn kein Schutzplastik dazwischen wäre. Jetzt ist dort ein Loch. Die Federung ist wohl zu weich. Ich versuche, die Einfederung zu vermindern, indem ich die Vorspannung des mechanischen Federelements erhöhe. Dazu muss ich einen dünnen gezahnten Ring drehen, der bestimmt, wie viel Platz die stählerne Federspirale höchstens bekommt. Man arbeitet also gegen die Federspannung, die vielleicht zu weich für die hundert Kilo von mir samt Gepäck ist, aber immer noch zu stark, um sich von einem Schreibtischmenschen zusammendrücken zu lassen. Ein wenig geht schon, da ich dank des Gewindes eine gewisse Hebelwirkung habe, aber es geht recht schwer, auch weil ich das fünf Millimeter breite und fünf Zentimeter große gewellte Rad nur mit zwei Fingern so einigermaßen fassen kann. Das tut weh, und zwar zunehmend, da mehr Vorspannung mehr Widerstand bedeutet. Ich passe auf, dass das harte Metall meine Hand nicht mehr aufreibt, als bis morgen heilen kann, zum nächsten Versuch. So werde ich die Spannung Tag für Tag ein wenig erhöhen können.

Wasserpumpenzange habe ich keine dabei. Mein Werkzeug ist auch so unglaublich schwer. Wer sonst schleppt auf einer Radtour ein Set zum Abziehen eines Zahnkranzes mit: Nuss zum Einhaken, Kette mit Arm zum Arretieren des Kranzes, vierundzwanziger Schraubenschlüssel für die Nuss. Das ist Wahnsinn aus Gewichtssicht, aber angesichts der Weite Lapplands... ich möchte auf alle Probleme vorbereitet sein, die ich selber beheben kann, und das sind nach fünfundzwanzig Jahren Erfahrung mit Fahrrädern einige. Und das spiegelt sich in Kilos wieder. Die Packtasche mit dem Werkzeug kann ich kaum noch tragen, und genau das dürfte die Überlastung der Feder verursacht haben. Außerdem war ich nach dem letzten Winter - beim Kauf des Rades - relativ leicht, und der Händler hat mir eine entsprechende Federung eingebaut. Seit ich in der kalten Jahreszeit Lauftraining mache, setze ich im Winter kein Fett mehr an, aber baue erst im Laufe des Sommers wieder die gewichtigen Radfahreroberschenkel auf, so dass ich im Frühjahr einfach deutlich weniger

Gegen den Wind

wiege als jetzt im Hochsommer nach viertausend Kilometern Training.

Ein Werkzeug habe ich, mit dem ich vielleicht den Verstellring für die Federung besser packen könnte: Zum Abmontieren des Tretlagers gibt es ein Set mit zwei U-förmig gebogenen Federstahlteilen, deren Enden unterschiedlich ausgearbeitet sind: Eines hat pro Ende ein Stiftchen nach innen, eines hat die Stifte nach vorne. Damit kann man ein Tretlager von seinem Befestigungsring trennen - theoretisch, wenn es nicht zu fest sitzt. Wenn ich in der Wildnis bin und unbedingt ein Tretlager öffnen muss, dann muss ich das halt irgendwie schaffen. Bei einer Federung ist das ähnlich. Dabei bin ich gar nicht sicher, ob eine stärkere Vorspannung überhaupt wesentliche Besserung bringt. Die Federung wird wohl nicht mehr auf jedes Blatt auf der Fahrbahn reagieren, und seltener zu schwingen anfangen. Vermutlich gäbe es aber nur eine vernünftige Lösung: Ein stärkeres Federelement.

Insgesamt habe ich viel Zeit, mir Gedanken um Technik zu machen. Leider bieten sich auch einige Themen wie von selbst an, liegen quasi in der Hand. Was zum Beispiel bei meinem Liegerad identisch mit einem altmodischen ist, sind die Lenkergriffe. Ein Unterschied liegt aber in der Beanspruchung, und der ist wesentlich: Wenn ich am Lenker ziehe, dann in eine Richtung, die früher oder später die Griffe vom Lenkerrohr entfernt - und das ist wörtlich zu nehmen. Der Moment kommt. Und am Lenker ziehe ich aus langjähriger Gewohnheit wie bei einem anderen Rad bei jeder Steigung. Ziehen bringt mich aber aus der Spur ins Schlingern, und außerdem - plopp - erst recht. Zeitweise fahre ich bergauf grundsätzlich ohne Lenkergriff, um Schlenker im ungünstigsten Moment zu vermeiden. Mit guten Handschuhen ist das kein Problem.

Die Straße ist momentan gerade, aber nicht flach. Die Hügel sind sehr lang gezogen, kilometerlang, fast wie Alpenpässe, nur sind sie hier von Rentieren gesäumt, die in kleinen Grüppchen grasen oder einzelnen Radfahrern nachschauen. Ich finde die Bewegung der Tie-

Finnland

re drollig, vor allem die übertrieben anmutige Körperhaltung. Die ist sicher nötig, um das gigantische Geweih zu balancieren. Ich nehme an, dass ihnen eine ruckartige Kopfbewegung das Genick brechen würde.

Einzelne laufen auch weg. Das tun sie bei Autos oder Lastzügen grundsätzlich nicht. Das allgegenwärtige Straßenschild ist Programm: Ein Umriss von finnisch Lappland mit dem Schriftzug „Reindeer Husbandry" Rentierzuchtgebiet. Die pelzigen Vierbeiner mit den großen Füßen und den gewaltigen Geweihkronen sind hier die Chefs. Schließlich sind sie ja deutlich in der Überzahl.

Der Wald wird immer niedriger und lichter. Ich versuche, ein Foto zu machen, von einer typischen Szenerie mit winzigen knorrigen Birken um einen Tümpel. Der Fotoapparat signalisiert: zu wenig Licht. Dabei ist es hellichter Tag und nur leicht bewölkt. Gegenlicht kann auch nicht die Ursache sein. Ich probiere verschiedene Richtungen aus. Steht hier die Sonne so flach, dass das Licht nicht für ISO 100 reicht? In den Alpen hatte ich damit selten Probleme, nicht einmal bei trübem Wetter. Erst lässt mich die Batterie im Stich, dann erweist sich das Filmmaterial als unpassend.

Eigentlich ist das aber halb so wild: Ich seh's ja, und wen sonst interessiert die Weite? Auf einem Foto lässt die sich sowieso nicht gut ausdrücken, nicht adäquat. Natürlich sehe ich, sobald ich jenseits des fast unendlichen finnischen Waldes bin, von den Kuppen aus viele Kilometer weit auf breite Berge mit ausgedehnten Ebenen statt schroffen Gipfeln, davor viel Landstraße, die streckenweise von zwei Meter hohen Netzzäunen gesäumt ist, und viel schütter bewachsenes Land, oft auch entspannt grasende Rentiere.

Das könnte man mit Bildern darstellen. Aber die Optik ist nicht alles. Die Ruhe bemerke ich, sobald sie unterbrochen wird. Ein Auto höre ich eine Viertelstunde, bevor ich es sehe beziehungsweise mir die Mühe mache, auf einer Kuppe anzuhalten und zu warten, bis die Geräuschquelle ein paar Kuppen weiter in mein Sichtfeld fährt.

Sobald es mich überholt hat, rieche ich das Abgas noch eine halbe Stunde lang.

So etwas kann ich auf einem Foto nicht festhalten, genauso wenig wie den stetigen Gegenwind, den ich trotz meiner flachen Sitzposition spüre. Die anmutigen Rentiere mit ihrem gewaltigen Geweih kann ich mit etwas Glück knipsen, wenn ich an Exemplare gerate, bei denen die Neugier größer ist als die Scheu. Der drollige Gang, den sie mit ihren vier breiten Füßen, die für Sumpf und Schnee gebaut sind, auf einer Teerstraße haben, passt auf kein Bild.

Ich vermute, dass die Zäune entlang der Straße vor allem Schneewehen aufhalten sollen, die in wenigen Wochen hier an der Tagesordnung sein werden. Selber habe ich ein unverschämtes Glück: Bis auf kurze Schauer komme ich bisher trocken durch. Manchmal denke ich an die Leute, die mir von dem Dauerregen hier erzählt haben.

Das Gefühl, der Natur ausgeliefert, aber gut ausgerüstet und vorbereitet zu sein, passt auch auf kein Foto. Zu Fuß hätte ich in dieser Landschaft allerdings tatsächlich ein Versorgungsproblem.

Zwei Quadratkilometer pro Mensch soll es in Lappland geben. Momentan habe ich wesentlich mehr Platz beziehungsweise weniger menschliche Nachbarn. Solange ich durch dichten Wald gefahren bin, habe ich an Hand einzelner Briefkästen und Geschäfte geschätzt, dass im Umkreis von einigen Kilometern schon Menschen wohnen müssten. Hier sehe ich, dass dies nicht der Fall ist.

Blaue Grenze

Der Grenzort Karigasniemi ist wirklich nicht sehr groß. Trotzdem scheint er mehrere Supermärkte und Restaurants zu haben. Momentan haben allerdings nur ein Restaurant und ein Supermarkt geöffnet. Letzterer kommt mir aus Deutschland sehr bekannt vor. Wie weit solche Billigketten verbreitet sind! Und anhand der Bauform

Finnland

und der Farbgebung habe ich den Namen des Ladens erraten, bevor ich das Schild gesehen habe. Wenigstens ist das Angebot nicht genau das Gleiche, und die prächtige blau-bunte Tracht einzelner Kunden zeigt genau, in welcher Region wir hier sind.

Das reicht mir. Ich stocke meine Lebensmittel auf, bevor es nach Norwegen weitergeht. Außerdem beschließe ich, hier zu nächtigen, falls ich einen Campingplatz finde. Zur Feier des Tages möchte ich im Restaurant essen. Ich frage dort nach dem Campingplatz und wie lange die Küche noch auf ist. Knapp eine Stunde habe ich noch Zeit. Das reicht, um eine Hütte zu mieten, mein Gepäck abzuladen und zum Restaurant zurück zu rasen. Anders kann man die Fortbewegung mit einem Liegerad, das auf einmal um über zwanzig Kilo leichter ist, nicht nennen. Vielleicht geht auch das Wort fliegen. Ein normales Rad scheint zu schlingern, wenn auf einmal das Gepäck fehlt, mein Liegerad schießt einfach dahin.

Viele Gäste hat die gemütliche Gastwirtschaft nicht. Am Tisch neben mir sitzen ein paar Einheimische, die sich angeregt unterhalten.

Ich bestelle Rentiergeschnetzeltes an Reisrand mit Preiselbeeren, eine gute Wahl, wie mir erst der Kellner und später mein Gaumen bestätigen. Die Tiere sind nicht nur anmutig, sie schmecken auch ausgezeichnet. Ich finde heraus, dass der Bierpreis nicht höher ist, als in München. Die Qualität ist auch in Ordnung.

Nach dem Essen darf ich mich an den Nachbartisch setzen. Die Leute sind Sami, einheimische Rentierzüchter - fast einheimisch: Sie wohnen in Norwegen, also jenseits der Grenze. Mein Tischnachbar heißt Lehmed, ist Professor, und spricht sehr gut Englisch.

Der etwas älter erscheinende schmächtige Mann, der mir gegenüber sitzt, beginnt ständig, eine Melodie anzustimmen, während er mir zulächelt beziehungsweise frech grinst. Lehmed versucht, ihn zu zügeln, worauf er meistens tatsächlich verstummt, aber selten für lange. Als ob er zum Überlaufen voll mit Musik wäre, sprudelt es immer wieder aus ihm heraus. Tanzen möchte er wohl auch noch dazu, aber Lehmed hält ihn immer wieder zurück.

Blaue Grenze

Mir erklärt Lehmed, dass die Wirtin das nicht mag. Es gehört sich nicht, den Yoik zu singen. Die Wirtsleute sind selber Sami, wie fast alle hier, aber in Finnland ist der Yoik tabu.

Wie bitte? Hier im Sami-Land soll man keine Sami-Lieder singen?

Genau. Du dürftest singen, was du willst, alles ausländische, aber der Yoik gehört sich nicht in Finnland.

Ich kann Lehmed nicht so recht glauben und frage nochmals nach. Damals dachte ich noch, dass die Wörter Sami und Suomi praktisch das gleiche bedeuten. Dem ist aber wohl nicht so.

Auf einmal meint der Riese neben mir: Sing!

Singen ist etwas, zu dem ich gar keinen Bezug habe, und ich drücke mich irgendwie um diese Aufgabe. Die Frau, die mir gegenüber sitzt, meint, es wäre schade und unverständlich, dass sie nicht singen dürfen.

Das wird ein Abend der verpassten Chancen. Mit etwas Gesangskenntnissen meinerseits hätten wir vielleicht die Wirtsleute austricksen und dezent zum Yoik überschwenken können. Und schließlich bietet der Akademiker Lehmed mir an, jede Frage zu den Sami zu beantworten. Leider habe ich keinerlei Vorstellung von deren Leben, so dass mir keine konkrete Frage einfällt. Vielleicht bin ich einfach zu müde.

Am Campingplatz erfahre ich, dass die Dusche zurzeit außer Betrieb ist. Ich darf mich aber in der Sauna waschen. Die ist noch gut warm, so dass es schon noch eine reinigende Wirkung haben dürfte, mit dem kalten Wasser einmal den Straßenstaub und einmal den Schweiß abzuwaschen.

Bei einem Spaziergang über das Gelände sehe ich eine große hölzerne Hollywoodschaukel. Die steht so selbstverständlich da, dass ich annehme, dass dies zur Grundausstattung eines Gartens in dieser Region gehört, wie eine Sauna oder eine Windmühle. Da sich die Gärten bisher vor mir im Wald versteckt haben, kann ich das nicht so recht nachprüfen. Wozu auch?

Finnland

Gesundheitlich fühle ich mich fit. Meine Achillessehne schmerzt beim Gehen nicht mehr. Das ist gut. Dafür sind inzwischen meine Knöchel angeschwollen, bis zu den Waden. Das ist ungewöhnlich. Damit ich morgen noch in meine Schuhe komme, ziehe ich zum Schlafen meine engsten Socken an, zwei Paar übereinander.

Norwegen

Gelochtes Geld, Alkohol und ein Horrortrip

Sehr praktisch finde ich an meiner Hütte neben der Heizung die Kaffeemaschine. Inzwischen habe ich herausgefunden, dass man damit auch Tee machen kann. Tee mit Haferkeks macht sich besonders gut als erstes Frühstück. Heute will ich so weit fahren, dass ich spätestens übermorgen am Nordkap bin. Früher hätte ich gesagt: morgen. Aber ich habe ja Urlaub und wegen des Knöchels will ich es ruhig angehen lassen. Gut, ziemlich sicher werde ich in Lakselv oder Olderfjord landen. Viel mehr Ortschaften mit Übernachtungsmöglichkeit gibt es auf der Strecke in realistisch erreichbarer Entfernung nicht mehr.

Der Campingplatzbesitzer schickt mich eine Kiesstraße hoch, und nach fünfzig Metern bin ich auf der Landstraße. Vor mir liegen nur Landschaft und eine schnurgerade Straße.

Wo ist eigentlich die Grenze? Gestern habe ich doch schon ein Grenzhäuschen gesehen. Ah, hinter mir. Habe ich nicht soeben die EU verlassen? Muss ich umkehren und meinen Ausweis vorzeigen? Die Grenzstation schaut geschlossen aus. Auch gut, ich habe sowieso nichts zu verzollen. Ich erinnere mich daran, dass mir jemand erzählt hat, russische Lastwagen würden voll beladen mit Alkohol ungehindert nach Norwegen kommen, und erst dort würde die Ware etikettiert. Ich hätte mir vorgestellt, dass das dünne Netz ausgebauter Straßen leicht zu überwachen sei, und die Chance, zweimal hin-

Norwegen

tereinander unbemerkt mit einer großen Menge verbotener Ware eine Außengrenze der EU zu passieren, verschwindend gering. Reisen bildet weiter.

Irgend etwas ist an Norwegen anders. Vielleicht kann ich im Laufe der Zeit herausfinden und beschreiben, was dieses Gefühl verursacht. Vielleicht ist es aber auch einfach die Nähe zum Nordkap, zum Ziel, die immer mehr spürbar wird. Das Wetter ist stabil wechselhaft, ich komme gut damit zurecht, und ich habe noch zwei Wochen Zeit für zweihundertfünfzig Kilometer und den Rückweg, den ich größtenteils mit Bahn und Schiff zurücklegen möchte.

Schon Karasjok, die erste Ortschaft mit Einkaufsmöglichkeit, wirkt ungewohnt. Die Häuser wirken massiver, wuchtiger, höher, nicht ganz so filigran und versteckt wie in Finnland. (Verglichen mit Bayern ist natürlich immer noch alles niedlich.) Vor allem kann ich ohne Wörterbuch Schilder entziffern. Das ist wie ein Rätselspiel: Die Norweger setzen und stellen aus dem Deutschen bekannte Wörter anders zusammen, schreiben sie oft ungewohnt. Aber mit Überlegung und Phantasie komme ich oft auf einen Stand, an dem ich mir einbilde, etwas verstanden zu haben.

Das gilt nur für geschriebene Sachen. Beim gesprochenen Wort habe ich keine Chance. Das geht mir zu schnell, und die Aussprache ist völlig ungewohnt für mich. Auch habe ich keinerlei Literatur über die norwegische Sprache dabei. Die Wahrscheinlichkeit, dieses Land zu erreichen, war schließlich von allen neun Kandidaten am geringsten. Aber wie in Finnland scheinen hier gute Englischkenntnisse selbstverständlich zu sein. So komme ich auf dem Parkplatz vor einem Einkaufszentrum mit einem Norweger ins Gespräch. Wo kommst du her? Bist du zum ersten Mal in Norwegen? Du musst unbedingt auf die Lofoten, am besten gleich, damit nichts dazwischen kommen kann. Die Lofoten sind der schönste Platz in ganz Norwegen. Wenn du schon hierher reist, musst du unbedingt auf die Lofoten. Lofoten. Lofoten. Lofoten.

Gelochtes Geld, Alkohol und ein Horrortrip

Ich weiß, Bekannte von mir waren da zwei Wochen zum Wandern, und waren begeistert. Vielleicht kann ich den Rückweg so einrichten... Nicht vielleicht, du musst auf die Lofoten.

Ich halte Kurs aufs Nordkap. Nordkapp heißt es hier. Ich bin in der Finnmark. So heißt die Region.

Jetzt habe ich wieder ausländisches Geld. Auffällig an den norwegischen Münzen sind die 10 Kronen mit ihrem Loch. Als mir einmal wieder ein Handgriff abrutscht, komme ich auf die Idee, die Griffe festzubinden:

Kleber hält offensichtlich nicht auf Dauer, also bleibt nur eine mechanische Befestigung. Ein Lenker ist praktisch nur ein Metallrohr. Wenn ich da eine Schnur durchbekomme, und diese an beiden Enden dick verknote, können die Griffe zumindest nicht allzu weit abrutschen - solange der Gummi an den Enden hält. Diese Enden kann ich massiv verstärken mit - runden Metallplättchen, die ungefähr so groß sind wie ein Lenkerdurchmesser und in der Mitte ein Loch haben, also 10-Kronen-Münzen. Bleiben 2 Herausforderungen: 1. Wie bekomme ich die Schnur durch das geschwungene Rohr (wenn ich keinen Staubsauger zur Hand habe)? Ich nehme eine ausgediente Speiche als Ahle und nutze zusätzlich die Schwerkraft. 2. Wie mache ich den zweiten Knoten so, dass die Schnur gespannt ist? Vorerst mache ich einen so engen Knoten wie möglich, und verkürze die Schnur zusätzlich, indem ich sie mit Hilfe eines länglichen Gegenstandes etwas aufrolle. Das ist nicht hübsch, wirkt aber ein wenig. Dazu fallen mir im Laufe von hunderten von Kilometern immer wieder Tricks ein, die zumindest das Ergebnis jeweils ein wenig verbessern. Auf jeden Fall rutscht mir ab jetzt kein Griff mehr ab. Natürlich bewegen sich die Dinger noch, und schieben sich zusammen, aber sie halten.

Zwar ist die Straße praktisch schnurgerade, aber auch in dieser fast baumlosen Region ist sie praktisch nirgends flach. Schier unendlich lange flache Anstiege wechseln sich mit flotten Abfahrten ab, die mit meinem Liegerad besonders Spaß machen. Durch meine Sitzpositi-

Norwegen

on habe ich immer eine schöne Rundumsicht, der längere Radstand und die Federung geben ein bombensicheres Gefühl beim Abfahren, auch wenn es schnell wird. Mein hohes Gewicht stört nicht, es schiebt.

Trotzdem bietet eine solche Abfahrt mir einen Nervenkitzel. Das macht die Erfahrung: Vor vielen Jahren habe ich einmal bei einer Abfahrt von einem stark befahrenen Alpenpass im letzten Moment bemerkt, dass mein Fahrradmantel kaputt und der hervorquellende Schlauch vor dem Platzen war. Ein Bremsseil ist mir schon zweimal gerissen, einmal, als ein Autofahrer vor mir eine Tür aufgerissen hat. Und ich sehe noch die vom Schreck geweiteten Augen des Autofahrers vor mir, der mir überraschend entgegengekommen ist, als ich auf einer wenig befahrenen steilen Dolomitenabfahrt am Überholen eines Piaggio-Dreirads war. Der Sturz in Polen zählt nicht: Hier gibt es weder Kurven, noch ist Sand auf der Straße.

Aber Gegenverkehr habe ich: Ein Lastzug kommt mir vom Horizont her entgegen. Ich sehe ihn immer wieder einmal zwischen den Bergkuppen. Das ist zurzeit die Fahrzeugart, der ich am häufigsten begegne, oft mehrmals pro Stunde. Aber die Straße ist bei weitem breit genug, schnurgerade und übersichtlich. Rentiere, denen man vielleicht ausweichen müsste, sind auch keine in Sicht, und die Landschaft ist baumlos, so dass sich nicht einmal ein Hase unbemerkt der Straße nähern könnte. Ich kann es also rollen lassen.

Meine hart aufgepumpten Reifen laufen bestens auf dem glatten Bitumen. Schnell nehme ich mit meinem Gewicht ordentlich Fahrt auf. Bergab fahren ist wirklich super mit der Maschine. Kein Vibrieren ist zu spüren, kein Flattern des Lenkers wie mit dem normalen Rad mit Taschen an der Vordergabel, wenn man schneller als sechzig Kilometer pro Stunde fährt.

Der riesige Lastzug kommt näher.

Vollbremsung.

Warum?

Gelochtes Geld, Alkohol und ein Horrortrip

Spur halten.

Mein Rad stellt sich quer, das Hinterrad blockiert, überholt mich aber trotzdem.

Der Lastzug zieht vorbei, gefühlte Minuten lang, während ich versuche, mein Gefährt wieder selbst zu kontrollieren. War da ein erschreckter Blick? Vorbei ist er.

Vermutlich war der Blick eher erstaunt wegen meines Gefährts, und er hat mein automatisches Manöver gar nicht bemerkt. Oder ich habe an den erschreckten Fahrer damals in den Dolomiten gedacht, und er hat überhaupt keine Notiz von mir genommen.

Was ist passiert? Ist meine Federung gebrochen und der Sitz auf das Hinterrad gekracht? Das kann nicht so stark bremsen, nicht so abrupt. Ich habe keine Ahnung.

Schon wieder eine neuartige Panne. Ist die Tour jetzt zu Ende? - der radelnde Abschnitt.

Ich schaue mir das Hinterrad an.

Ähm.

Hmm.

Tja.

Ich glaub's nicht:

Ein Ende der Riemen der Rucksäcke, die ich als Seitentaschen am Sitz befestigt habe, ist unter die Backen der Scheibenbremse geraten und klemmt jetzt fest.

Mit einem Ruck befreie ich das Teil. Die Bremse funktioniert wieder wie vorher. Gut, dass ich in der Spur geblieben bin. Ich hätte kein Problem mit einem Spurwechsel gehabt, nie mehr, aber der Fahrer …

Früher habe ich fast immer vor dem Anfahren einen Blick in den Raum zwischen Gepäck und Laufrad geworfen. Der muss frei sein,

Norwegen

unbedingt. Den Kontrollblick muss ich mir wieder angewöhnen. Auch flattern darf nichts - außer meinem Wimpel, der an einer langen Stange befestigt ist. Aufpacken ist einfach Präzisionsarbeit.

Als sich die Straße der Küste nähert, wird es flacher, ziemlich flach. Wegen meines beängstigend geschwollenen Knöchels ist allerdings meine Motivation nicht allzu hoch, heute sehr weit zu fahren, überhaupt nicht. Nicht nur der Knöchel mahnt zur Vorsicht, auch der Blick auf die Landkarte: Zwischen Olderfjord und Honningsvåg gibt es keine richtigen Ortschaften, und Campingplätze sind auch keine eingezeichnet. Natürlich kann es welche geben, oder auch eine Landpension, aber darauf verlasse ich mich nicht.

Ein gutes Stück nach Lakselv, also schon am Porsangerfjord, buchstäblich auf der Zielgerade, passiere ich eine kleine Gruppe von Holzgebäuden. Beim Vorbeifahren lese ich etwas von Nationalpark und sehe ein Campingplatzschild. In Olderfjord gibt es sicher auch etwas zum Übernachten, aber dort vereinigen sich zwei Hauptstraßen, bündelt sich der Verkehr zum Nordkap. Das kann einen Engpass geben wie vorletzte Nacht. Die 30 Kilometer habe ich morgen schnell wieder drin, wenn ich zeitig aufbreche. Ich drehe um und gehe in die Kneipe, in der ich die „Rezeption" vermute. Übernachten klappt, wieder in einer Hütte, und es gibt hier auch Essen: Pizza mit Belag zum aussuchen.

Sind Sie der mit dem flachen Fahrrad, der wieder umgekehrt ist? Wir haben das vom Fenster aus gesehen.

Der Pizzarohling kostet so viel wie eine Pizza in Deutschland. Die Belagzutaten, aufgegliedert in drei Preisklassen, werden feierlich vorgelesen, und einige davon extra für mich in Englisch übersetzt. Einzelne Wörter verstehe ich schon, zum Beispiel Kurkka - Gurke. Abenteuer hin oder her: Ich beschränke mich auf Komponenten, bei denen ich so weit sicher bin, was mich erwartet. Dazu bestelle ich ein Bier. Danach verstehe ich, wieso die norwegischen Rentierzüchter zum Bier trinken nach Finnland fahren: Eine Ampulle mit 0,2 Liter Bier zum selber öffnen, also halb so groß wie ein Glas gestern Abend, kostet fast dreimal so viel wie im finnischen Restaurant im Glas serviert. Aber zusammen mit der ordentlichen Rentierpizza ergibt es eine Mahlzeit, die den knurrenden Magen bis zum Einschlafen verstummen lässt.

Heute war es kühl, aber nicht zu kalt, und über weite Strecken trocken. Wenn das Wetter nicht umschlägt, schaffe ich es morgen auch mit lädiertem Knöchel durch den Nordkaptunnel nach Magerøya, der „Magerinsel" mit Honningsvåg und dem Nordkap. Spätestens übermorgen habe ich es geschafft, und wenn ich im Schneetreiben das letzte Stück zu Fuß zurücklegen muss. Und wenn es gut läuft... Dafür sollte ich heute gut ausschlafen.

Die letzten Prüfungen vor dem Nordkap

Mich erwartet ein Tag mit recht schönem Wetter: ruhig, diesig, trocken. Zum Nordkap dürften es zirka hundertachtzig Straßenkilometer sein. Meine Achillessehne gibt bisher Ruhe, auch nach Tee und Haferkeksen. Also los!

Wunderschön zu radeln ist die kaum befahrene Landstraße. Gut, man folgt meistens der Uferlinie des riesigen Fjords mit zahllosen langgestreckten Buchten und Landzungen in alle Himmelsrichtungen, und manchmal ist man für zwei Kilometer Luftlinie eine halbe Stunde unterwegs, weil einzelne Buchten doch einige Kilometer lang sind. Aber heute ist kaum Wind, und die Straße ist zum ersten Mal seit zehn Tagen wieder so flach, dass man richtig schnell vorankommt, immer mit Blick auf das Fjord, in dem Bewusstsein, dass das eigentlich fast schon zur Barentssee gehört, also praktisch zum Nordpolarmeer. Und obwohl man also "fast am Nordpol" ist, und es hier im Winter garantiert recht dunkel und echt saukalt ist, sieht man überall am Strand unterhalb der Straße bunte, meistens recht kleine Holzhäuser, die zumindest jetzt im Sommer bewohnt sind, was man an der Wäsche und den Booten sieht. Wie in Finnland sieht

Norwegen

man auch hier kaum so was wie ein Dorf. Gebäude bilden meistens Dreiergruppen, vermutlich Wohnhaus, Sauna und Garage.

Eine Ausnahme ist Olderfjord, eine Ortschaft, in der es alles lebensnotwendige zu geben scheint. Hier ist auch die letzte größere Straßenabzweigung vor dem Nordkap, die letzte Möglichkeit, sich zwischen Hammerfest und Honningsvåg zu entscheiden. Ich gebe Gas. Heute Abend werde ich irgendwo auf der Nordkapinsel Magerøya Quartier beziehen, und dann entscheiden, ob ich mir das Kap für morgen aufhebe, oder gleich hinfahre. Erst einmal beschleunige ich aber - Richtung Nordkap!

Gelegentlich winken mir Leute aus einem vorbeifahrenden Auto oder Wohnmobil aufmunternd zu. So geht es gemütlich, zügig und heiter mehr oder weniger nach Norden. Der erste Tunnel ist eng, feucht, aber auf fast ebener Straße zügig zu durchqueren, nicht einmal ein Vorgeschmack auf die erste "Prüfung".

Die paar Seiten Lektüre über die Strecke und die knappen Informationen der beiden Radfahrer, die mir in den letzten Wochen vom Nordkap entgegengekommen waren, hatten mich schon gewarnt: Sieben Kilometer Tunnel, zehn Prozent Gefälle, dreihundert Meter Höhenunterschied, weil es ja unter dem Meer durchgeht. Seien wir also übermütig und stellen uns so was wie einen Höllenschlund vor, "Nordkapp- Tunnelen, 6870 m, 212 m.u.h." in den man sich reinstürzt, schnurgerade mit zehn Prozent Gefälle ins Innere der Erde, da wo bei einem Globus womöglich schon Teile der Befestigung das Kartenbild überdecken. Gut, man sieht nirgends die gigantische Schraube oder Achse, die aus der Erde in den Himmel ragt, aber das kann auch an dem diesigen Wetter liegen.

Das einzig "höllische" an dem Tunnel sind vielleicht die Tiefe und die schwefelgelbe schummrige Beleuchtung. Die Straße ist praktisch nagelneu und glänzt noch ganz schwarz, wie das heiße Öl für die bösen Seelen. Das vollgefederte Rad gleitet butterweich runter, ohne dass man die Geschwindigkeit spürt. Bei etwa vier Autos pro Stun-

Die letzten Prüfungen vor dem Nordkap

de hört man jedes Motorfahrzeug schon lange, bevor man es sehen kann, schon im Freien, und erst recht im Tunnel.

So allein unter dem Meer ist es schon recht einsam, aber für Notfälle sind in recht kurzen Abständen hübsche gelbe Telefonzellen aufgestellt. Der Anstieg zur Inseloberfläche ist dann schon hart, drei Kilometer immer schnurgerade bergauf, wegen der zehn Prozent Steigung im Schneckentempo, und ohne eine wirkliche Abwechslung etwas zermürbend. Die halbe Stunde wirkt wie ein halber Tag, aber man kann sich jetzt an einem Zauberwort festhalten: Nordkap.

Nur noch vierzig Kilometer sind es von hier zum Nordkap. Kurz hinter der Mautstelle nach dem Tunnel, die ausschließlich Radfahrer frei passieren dürfen, wird der Wind vorübergehend ungemütlich stark, weicht aber gleich einem ziemlich kräftigen Regenschauer. Ich habe noch praktisch trocken einen teilweise überdachten Rastplatz erreicht, mache mein Gepäck regendicht und ziehe meine Regensachen an. Das ist inzwischen Routine. Bis ich fertig bin, ist keine Spur mehr von Regen, und ich nehme mein Pausenbrot schon wieder im Freien ein.

Ein Italiener fragt mich, wie weit es mit dem Rad zum Nordkap ist. Für ein Wohnmobil und ihn mit Frau und ein paar Kindern sind die Gebühren hier so hoch, dass seine Frau darauf bestanden hat, umzukehren. Sie hätten aber Fahrräder dabei, und er würde doch soo gerne das Nordkap besuchen. Ich schätze auf bis zu drei Stunden. Er wägt alle möglichen Argumente ab und wartet vermutlich darauf, dass ich ihm gut zurede, mitzukommen. Ich denke an den Schauer von vorhin, sehe seine Ausrüstung, und tue nichts dergleichen.

Der nächste Tunnel ist vier Kilometer lang, recht flach und sehr schwach beleuchtet. Und ich werde, wenn es dunkel wird, sehr leicht sehr müde. Dieser Tunnel ist nicht nur dunkel, sondern auch feucht. Für mich wird er bald zu einer breiten Zufahrtsallee zu einer größeren Stadt in Tschechien oder Polen, und zwar nach einer langen Regenfahrt. Noch tropft es überall von den Laternen. Ich ertappe mich immer wieder dabei, dass ich überlege, wo ich abbiegen soll, um ein

Norwegen

Hotel, eine öffentliche Übersichtskarte, ein Gasthaus oder eine Jugendherberge zu finden. Ich mache mir ernsthafte Sorgen, ob um diese Zeit noch überhaupt etwas auf hat. Und kein Fußgänger ist zu sehen, den man fragen könnte! Ein paarmal bin ich kurz davor, anzuhalten, mein Rad über eine nicht vorhandene hohe Bordsteinkante auf den ebenfalls fehlenden Gehweg zu wuchten und dort im funzligen Schein der Straßenlaterne einen Blick auf die Karte zu werfen und nachzusehen, ob dort irgendwo am Rand ein Stadtplan des Ortes abgedruckt ist.

Dann reiße ich mich zusammen und mache mir bewusst, dass ich auf dem richtigen Weg sein muss, und praktisch jede beleuchtete Straße zu einem Zentrum führt, und ich die paar Kilometer wohl noch durchhalten werde. Und zwischendurch fällt mir sogar ein, dass ich auf keiner großen Zufahrtsstraße bin, sondern in einem Tunnel, und nicht in Polen, sondern in Norwegen. Letztere Erkenntnis hält aber nie lange an. Aber ich finde es zwischendurch schon im Tunnel interessant, wie automatisch mein Körper und mein Bewusstsein auf diese Reize reagieren. Es ist dunkel, also Nacht, also wird es schwierig, eine geöffnete Herberge zu finden. Die wäre wichtig, weil es den ganzen Tag geregnet hat, und ich meine Sachen trocknen lassen möchte. Ein Schluss, den ich aus der nassen Straße ziehe. Essen gehen kann ich vermutlich vergessen, aber ich habe ja immer eine eiserne Reserve dabei. Es gibt künstliches Licht, also bin ich auf einer Zufahrtsstraße. Die Straße ist schnurgerade und ich sehe keine Lichter vor mir, also fahre ich auf eine große Stadt im Flachland zu, habe aber noch mehrere Kilometer vor mir. Es ist dunkel, also werde ich müde und muss sehr vorsichtig fahren. Und zumindest zwischendurch werde ich mir immer wieder bewusst, dass mir meine Wahrnehmung einen richtigen Streich spielt.

Sonst habe ich in einem Tunnel einfach leichte Panik, die mich möglichst gerade und gleichmäßig am Rand fahren lässt, um jedes Gefahrenmoment zu vermeiden. Diesmal lande ich im dreitausend Kilometer entfernten Polen! Sekunden nachdem ich den Tunnelausgang passiert habe, ist der Exkurs vergessen, ich bin hellwach und

Die letzten Prüfungen vor dem Nordkap

putzmunter und es gilt nur noch: Nordkapp, Nordkapp, Vollgas, Endspurt! Ich schaffe es nicht ganz, meinen Tieflieger zu einer Fahrt auf dem Hinterrad zu bewegen.

Richtig erholsam ist die Strecke nördlich des Tunnels wieder, vorbei an Honningsvåg. Das große Dorf lasse ich vorerst rechts in seiner beschaulichen Bucht liegen. Es ist erst vier Uhr, und ich habe genug Zeit, mich nach einer Unterkunft näher am Kap umzusehen, und im Bedarfsfall doch nach Honningsvåg umzukehren. Tatsächlich erreiche ich bald ein größeres Gelände mit Campingplatz und Hotel, dem letzten laut Karte. Ich frage an der Rezeption des Campingplatzes nach der Jugendherberge, die auf dem Schild an der Straße auch angegeben ist.

Die gibt es nicht mehr, aber das Gebäude schon noch. Man kann ein Bett in einem Schlafsaal mieten und die Infrastruktur des Campingplatzes mitbenutzen. Momentan wäre ich der einzige Gast im Schlafsaal. Nachdem ich dort ein Bett mit meinem Seidenschlafsack markiert habe, fülle ich meine Wasserflaschen auf und schaue auf die Uhr. Kurz vor fünf ist es.

Ich habe schon einen trockenen Schlafplatz, das Nordkap ist nur noch fünfundzwanzig Kilometer entfernt, und ich fühle mich noch frisch. Morgen muss ich nicht früh aufstehen, weil ich Urlaub habe, und dunkel wird es nachts sowieso kaum.

Wenn ich eineinhalb Stunden einfach für die Strecke brauche, kann ich um zehn wieder hier sein. Da ist es noch hell. Schlimmstenfalls wird es elf, kein Problem, da ich ja heute schon ein festes Quartier habe, eine gute Beleuchtung am Rad, und es hier zurzeit nachts sowieso nie völlig dunkel wird. Vorsichtshalber will ich noch den Mann an der Rezeption über die restliche Strecke befragen. Der telefoniert gerade.

Er erklärt der Person am anderen Handy, dass das Wetter hier heute relativ schön war, nur fünfzehn Minuten Regen den ganzen Tag über. Danach erzählt er mir, dass nur die nächsten drei Kilometer anstrengend seien. Hier geht es auf dreihundert Meter. Dann hat

Norwegen

man die Höhe, auf der das Nordkap liegt. Und recht windig ist es auf der Strecke. Aber am Nordkap regne es jetzt auch nicht. Fein, eine halbe Stunde Anstieg wie vorhin im Tunnel, und dann noch eine gemütliche Spazierfahrt, und auf dem Rückweg praktisch nur rollen lassen, und die Wolken da oben sind zwar schwarz, tun aber nichts.

Am nächsten Tag werde ich im Gespräch mit anderen Radfahrern feststellen, dass ich nicht der einzige bin, der auf ihn gehört hat und seine Schilderung gelinde gesagt als arg verharmlosend bezeichnet.

Ich breche also zum letzten Teilstück auf. Um für alle möglichen Pannen so gut wie möglich gerüstet zu sein, zum Beispiel einen Wettersturz oder einen technischen Defekt welcher Art auch immer, nehme ich all mein Gepäck mit, außer dem Seidenschlafsack und ein paar Karten. Ich will keine Zeit mit Aussortieren verlieren und gehe sowieso davon aus, dass ich eigentlich nichts überflüssiges dabei habe.

So ein Anstieg ist unter freiem Himmel und mit Serpentinen wesentlich angenehmer als in einem Tunnel. Der nach dem Campingplatz erinnert mich an eine alte vertraute Joggingstrecke. Fast erwarte ich, oben das winzige Dorf mit der netten Kirche anzutreffen, und der Zimmerei, den Eseln. Oder der Joggerin zu begegnen, die ich in über zehn Jahren noch nie nach dem Namen gefragt habe. Was ist hier anders als in Finnland und der Finnmark? Langsam fällt mir auf, dass ich, seit ich auf der Insel Magerøya bin, keine oder kaum Bäume gesehen habe. Finnland war bis auf die Seen, ein paar Felder und schlimm verwüstete Rodungsinseln voll bewaldet, und erst in Norwegen, in der Finnmark gab es einige Male freie Sicht auf die unendlich weite sanft geschwungene Landschaft. Hier auf Magerøya sieht man dürftig bewachsene Wiesen, überall zig Meter hohe Hügel, manchmal durch einen tief eingeschnittenen Sturzbach voneinander getrennt, und hie und da eine kleine Herde Schafe oder Rentiere. Schafe habe ich in Finnland nirgends gesehen. Das Weideland, die schmale ansteigende Straße und der neben der Straße gespannte Elektrozaun erinnern mich wieder an Oberbayern. Die beiden Jungs mit den Mountainbikes kommen mir auch vertraut vor.

Umso näher man dem höchsten Punkt der Steigung kommt, desto steiler sieht man in den Himmel, desto weniger sehe ich die schwarzen Wolken, die hinter dem Hügel liegen, den ich umfahren werde. An der letzten Kurve bergauf wehen einige dicke Tropfen über die Straße. Deswegen, und da ich leicht verschwitzt bin und der Wind hier oben ein wenig kalt ist, lege ich mein Regenzeug an. Hinter den Regenwolken bin ich auf einmal in einer Almlandschaft im Hochgebirge, in den Dolomiten auf zweitausend Metern. Nur das Bergpanorama ist weit weniger spektakulär. Einfach friedlich sieht es hier aus, karg, steinig, hügelig. Zweiundzwanzig Kilometer dürften es jetzt noch sein, und ich bin am höchsten Punkt. Nach einer kurzen geraden Strecke, sobald ich aus dem Windschatten der höchsten Erhebungen heraußen bin, wird der Regen stärker, der Wind frischt deutlich auf, und es geht recht steil bergab.

Nach ein paar Metern Abfahrt peitschen mir die Regentropfen wie Eiskörner ins Gesicht, und der Wind versucht, mich von der Straße zu drängen, obwohl mein Rad eigentlich nur halb so viel Angriffsfläche bietet wie ein normales. Außerdem dauert die Abfahrt viel zu lang. Das Nordkap liegt ja auch auf 300 Metern, und alles, was ich jetzt bergab fahre, muss ich nachher wieder rauf, und für den Rückweg gilt das Gleiche nochmals. Soll ich umkehren? Sollte das Wetter morgen noch schlechter sein, würde ich mich sehr darüber ärgern. Außerdem muss ich morgen nicht früh aufstehen, darf also heute etwas länger brauchen.

Etliche Höhenmeter tiefer komme ich an einem idyllisch gelegenen Bergsee vorbei, bei trockenem Wetter einem idealen geschützten Platz für eine Essenspause, ein erfrischendes Bad oder sogar zum Zelten. Ich fahre durch.

Genauso steil wie es runter ging, geht es wieder rauf. Der Regen scheint nachgelassen zu haben. Vielleicht schlitzt der Berg, den ich umfahren habe, einfach eine Wolke auf, die über ihn hinwegzieht,

Norwegen

und die Straße kreuzt den Riss. Der Wind wird eher stärker, so dass ich nicht nur mit dem bergauf strampeln, sondern auch mit dem Halten der Spur beschäftigt bin. Oben gibt es einen wirklich kräftigen Seitenwind. In Schräglage, gegen den Wind gelehnt, fahre ich geradeaus. Sobald ich im Rückspiegel Scheinwerfer bemerke, halte ich an. Zu hören sind die überholenden Fahrzeuge bei dem tosenden Wind meistens kaum. Da es praktisch keinen Gegenverkehr gibt, ist zwar genügend Platz zum Überholen, aber die Fahrzeuge schneiden beim Vorbeifahren erst abrupt die Windströmung ab, und Sekunden später trifft mich der Sturm wie eine Bö. Bei dem starken Seitenwind ist das saugefährlich. Damit habe ich keine Übung. Ich werde nicht auf die letzten Kilometer einen Unfall provozieren.

Ganz bald geht es wieder runter. Wieder drückt es Eisnadeln in mein Gesicht. Das allein wäre halb so wild, aber wegen des starken Windes und der nassen Straße kann ich das Gefälle nicht ausnutzen und bin bergab kaum schneller als bergauf. Aber ich komme voran. Nach dem nächsten Bergsee geht es wieder weniger nass und noch windiger bergauf zum nächsten kurzen Flachstück. Nett muss es hier bei schönem Wetter sein, ein wenig anstrengend zu erreichen, aber voll romantisch abgelegen und ruhig. Hui, wieder ein Fahrzeug, nichts wie anhalten. Dank Standlicht und einem zusätzlichen Blinklicht werde ich ja nicht auf der Stelle unsichtbar, wenn der Dynamo keinen Strom mehr gibt.

An den Regen habe ich mich im Laufe der vergangenen Woche bereits gewöhnt, und ich weiß, dass irgendwann demnächst das Nordkap auftauchen muss.

Was, noch zwanzig Kilometer? Regenwetter hat die Eigenschaft, Entfernungen bis ins Unendliche zu vergrößern. Jetzt erst recht. Die Abfahrten und Steigungen scheinen immer steiler und vor allem länger zu werden, und die Eisnadeln bei den Abfahrten bissiger. Spätestens seit der zweiten Abfahrt bin ich patschnass. Und der Wind wird definitiv immer stärker. An den Kuppen ist an Geradeausfahren nicht mehr zu denken. Nur noch irgendwie auf der Fahrbahn

Die letzten Prüfungen vor dem Nordkap

bleiben, und rechtzeitig runter, sobald jemand kommt. Auch Autos können von einem Sturm aus der Spur geblasen werden. Die Ruhepunkte sind die Seen in den Mulden. Wenn man erst den ersten Anstieg hat, hat man's so gut wie geschafft. Das hat der Mann an der Rezeption doch gesagt? Vielleicht stimmt das bei schönem Wetter. Ich denke an eine Achterbahn. Der Nervenkitzel ist ähnlich, die Fliehkräfte weit weniger stark; für meine Sicherheit garantiert kein TÜV und kein Schutzbügel, für die bin ich allein verantwortlich. Eine Achterbahnfahrt dauert ein paar Minuten, und dieses Auf und Ab Stunden. Die Achterbahn führt zum Ausgangspunkt, diese Straße zum Nordkap. Und nach spätestens vier tiefen Mulden weiß ich, dass ich heute noch dort ankommen werde, lange vor Mitternacht, und dass mich auch Schneefall nicht mehr aufhalten würde.

Frustrierend ist nur der Blick auf den Kilometerzähler. Wegschauen, einfach strampeln! Alles geht so furchtbar langsam. Und durch die Dunkelheit, die von den dichten Wolken verursacht wird, erscheint mir alles noch langsamer. Ein Schild verweist auf den letzten offiziellen Campingplatz vor dem Nordkap. Bei dem Wetter ist mir mein Platz im Schlafsaal lieber, auch wenn das bedeutet, dass mein Rückweg zwanzig Kilometer weiter ist. Die mache ich im Schlaf, auch bei Sturm und Hagel. Aber jetzt geht es erst mal auf zum Nordkap! Der Regen lässt nach, der Wind wird stärker, die Straße wieder einmal flacher. Ich habe keine fünf Kilometer mehr, wenn die Rechnung stimmt. Weit weg kommt ein großes, seltsam geformtes, beleuchtetes Gebäude in Sicht. Erst sehe ich natürlich nur die Lichter. Straßenschilder weisen zum Nordkap. Der Mann am Campingplatz hatte recht: Hier regnet es nicht! Ich kann mich dafür vor Wind kaum noch auf der Straße halten. Witzig finde ich das, echt lustig, wie im Film: Erst der lange, tiefe Tunnel, das Tor zur Magerøya-Welt. Danach der Honningsvåg-Tunnel, die Dunkle Meile der Verwirrung. Die Steigung nach dem Campingplatz könnte man als Letzten Blick Zurück bezeichnen, vielleicht den höchsten Punkt auf gut Neudeutsch "Point of No Return". Die Strecke durch das stürmische Regengebiet mit den Mulden und Eisnadeln nenne ich mal Inferno. Ist das zuläs-

Norwegen

sig, wenn kein Feuer im Spiel ist? Auf Blitze kann ich gerne verzichten.

Ich glaube, ich habe gelacht, als ich die letzten eineinhalb Kilometer vor dem Kap mit dem Wind gekämpft habe. Ein oder zweimal habe ich sogar ein Stück geschoben, auf ebener Strecke, weil ich mein Rad wegen des Windes trotz der flachen Bauart nicht mehr auf der Fahrbahn halten konnte. Gelacht habe ich nicht, weil ich mich als Sieger gefühlt hatte. Eher war das Verlegenheit, weil das so viel völlig unnötiger Aufwand war. Abgesehen davon, dass am Erreichen des Nordkap nicht mein Herzblut gehangen ist, war der ganze Aufwand, die ganze Energie völlig überflüssig. Regen und Wind haben mich gerade mal eine Stunde zusätzlich gekostet, und waren weit davon entfernt, mich zur Aufgabe zu bewegen. Schließlich war die Strecke reine Teerstraße. In den Bergen hätte ich mich bei diesem Wetter keine fünf Meter von der Hütte entfernt. Selbst wenn ich umgedreht wäre, hätte ich es am nächsten Tag gepackt, und wenn ich zu Fuß gegangen wäre. Oft habe ich mir auf der Strecke gesagt, dass ich eigentlich viel zu weit gekommen bin, dass es reiner Blödsinn ist, dass ich jetzt hier bin.

Andererseits war die Reise als eine Art Meditationsübung und nebenbei als eine Spritztour zum Nordkap und als eine Testfahrt für mein neues Rad gedacht. Diese Zwecke hat die Tour weitgehend erfüllt. Über den Punkt Meditation bin ich mir nicht sicher, weil ich davon eigentlich keine Ahnung habe. Jedenfalls rechtfertigen meine Beweggründe nicht diese Menge an Energie, die an diesem Tag in der Atmosphäre ist. Vielleicht stürmt es ja auch gar nicht wegen mir. Hier trifft einfach der Wind, der über der Nordsee freie Bahn hatte, auf ein Hindernis, das ihn zusammenstaucht. Die steife Brise bündelt ihre Kraft noch zusätzlich. Nein, Stolz will sich nicht einstellen. Trotzdem beschleunige ich deutlich, als ich die Umrisse der hell leuchtenden Nordkaphalle, den riesigen Parkplatz mit den Wohnmobilen und Reisebussen und das Mauthäuschen erkenne.

Die Halle - Das Museum am Ende der Welt

Die Frau im Mauthäuschen winkt mich einfach durch. Dabei müssen hier eigentlich alle Eintritt zahlen, und nicht zu knapp, ausdrücklich auch Fußgänger. Nur Radfahrer kommen gratis ans Kap und in die Nordkaphalle, eine Art Kuppel mit viel Glas. Patschnass und bei starkem Wind versuche ich, die Halle flott zu umfahren. Da ich auf Schotter nicht besonders schnell bin, dauert das eine Weile, weniger wegen der Fahrgeschwindigkeit, sondern wegen der Touristen, die nicht in der Halle sind. Wo kommen Sie her? Bravo. Welche Strecke haben Sie genommen? Wo fahren Sie hin? Darf ich Sie fotografieren? Langsam beginne ich zu frieren, und möchte noch einen Blick auf den Platz werfen, auf dem ich schon von weitem eine beleuchtete Skulptur gesehen habe. Dort ist vermutlich der offizielle Nordkapfelsen. Die letzten zwanzig Meter werde ich doch noch schaffen - ohne unhöflich werden zu müssen.

Ich richte meinen Blick auf den Boden und schiebe, jeden Blickkontakt vermeidend, mein Rad an der Halle vorbei, auch an dem kleinen grünen Kuppelzelt und dem Mountainbike. Ist hier auch ein Campingplatz? Jedermannsrecht. Egal, später. Erst schiebe ich durch die Menge, bis ich Platz zum Aufsteigen habe und die letzten paar Meter zum Kap fahren kann. Es hat recht dick Kies, so dass ich nach ein paar mühsamen Pedalumdrehungen doch wieder schiebe.

Ich hab's geschafft. Ich bin am Nordkap. Die Sätze habe ich erst beim Schreiben dieser Zeilen eingefügt. Erst einmal fühle ich mich nass, wundere mich, dass ich nicht friere, und versuche, mich zu orientieren. Ich stehe auf einer festen, ebenen Fläche, die an zwei Seiten von einem Zaun begrenzt ist, und in deren Mitte auf einem Podest ein beleuchtetes kugelförmiges Drahtgerüst steht, die Erde auf Längen- und Breitengrade reduziert. So etwas ähnliches in kleinerem Format habe ich schon am Polarkreis gesehen. Vermutlich wird hier darauf hingewiesen, dass dies ein markanter Punkt auf der Erde ist. Der

Norwegen

nördliche Punkt Europas ist es allerdings nicht. Erstens ist dies hier kein Festland, sondern eine Insel, von denen es weiter im Norden noch mehr gibt. Außerdem habe ich immer noch nicht eingesehen, warum man eine auf tausenden von Kilometern zusammengewachsene Landmasse in Europa und Asien trennen soll. Wieso soll man kulturelle Unterschiede künstlich geographisch untermauern? Ich mag keine Grenzen, und schon gar keine überflüssigen.

Zumindest bin ich am nördlichsten Punkt, den ich innerhalb meines Urlaubs weitgehend über Straße erreichen konnte. Und ich wollte zum Nordkap, und jetzt bin ich da. Und der Ort hat schon eine Ausstrahlung, er ist ein Vorposten Europas im eisigen Norden. Vorposten, das ist es. Hier endet einiges recht abrupt, weniges geht mehr oder weniger sanft ineinander über, wie der Tag in die Nacht. Der Himmel ist dämmerblau hinter den dicken fast schwarzen Wolken, die von heftigem Wind um das Kap herum geblasen werden und ihn stets an anderen Stellen kurz freigeben. Hier beobachtet man keine Wölkchen, sondern Himmelflecken, die auftauchen, die Form verändern oder umherziehen - und wieder verschwinden. Dabei ist es eigentlich spät nachts, und Mittsommer war vor acht Wochen. Hier ist wirklich hoher Norden, und das Wolken-Schauspiel allein fast schon eine Reise wert.

Darf ich Sie fotografieren? Ein Beweisfoto nach 4000 Kilometern ist eigentlich eine gute Idee.

Der Mann, der angeboten hat, mich zu fotografieren, fragt, ob der Blitz sich von selber zuschaltet. Ich nicke. Natürlich, die Fotos werden voraussichtlich nichts werden, da es viel zu dunkel ist. Vielleicht wird man auf dem Bild die Glühbirnchen der Weltkugel erkennen. Ich mogle mich zwischen den anderen Touristen auf den Betonsockel, auf dem die Kugel steht. Das Rad steht davor.

Nach dem Entwickeln des Films sehe ich auf den Dias, die nicht komplett schwarz sind, sogar die Reflexstreifen der Reifen. Den Wind sieht man auf keinem Foto, und auch nicht die Kälte, die entsteht, wenn der durchnässte Körper eines leicht ermüdeten Menschen bei vielleicht zehn Grad im Sturm steht.

Der Wind bläst meinem Fotografen den Hut weg. Jemand rennt dem Teil nach und fängt es ein, bevor es über das nahe Geländer in Richtung Eismeer segeln kann. Ostwind ist gerade. Der Fänger übergibt den Deckel seinem Besitzer und merkt in einem gereizten Tonfall an, dass das bereits das dritte Mal sei, und dass er sich eigentlich nicht als persönlicher Hutfänger meines Fotografen sieht.

Ich bedanke mich für die Bemühungen und gehe zum Geländer, das direkt am Rand der Klippe über dem Meer angebracht ist. Momentan ist es vielleicht zehn Uhr nachts und so hell wie in der späteren Abenddämmerung. Ich geselle mich zu den wenigen Leuten, die am Geländer über dem Nordkapfelsen stehen. Da ich winddicht verpackt bin, kühle ich doch kaum aus, insgeheim hoffe ich sogar, dass die kräftige Brise meine Sachen trocknet. In einer Tasche meines durchgeweichten Anoraks bemerke ich die Tüte mit dem Trockenobst - Aprikosen und Pflaumen. Hier, dreihundert Meter über dem Meer, schaut man direkt zum Nordpol. Geschäftig und zugleich unendlich friedlich schaut die gekräuselte silberblaue Fläche dazwischen aus. Sogar die Brandung, die bei genauerem Hinsehen direkt aber weit unter mir zu erkennen ist, ist zu weit weg, um sie durch den Sturm zu hören. Von hier oben wirkt die See auf den ersten Blick ruhig wie eine getönte Rauhfasertapete, raue Stille, so weit das Auge sieht.

Wegen der dämmrigen und trüben Lichtverhältnisse ist das zwar nicht weit, aber ich stelle mir vor, dass in wenigen Wochen in dieser Richtung eine fast durchgehende Eisdecke bis zum Nordpol sein wird, und von da weiter bis nach Kanada. Zweitausend Kilometer bis zum Pol müssten es noch sein, die halbe Strecke dessen, was ich in den letzten vier Wochen zurückgelegt habe.

Ob man bei schönem Wetter das Eis sieht, das einen großen Teil dieses Meeres bedeckt? Ab wann wird die Fläche da unten weiß sein? Zur dunklen und bestimmt besonders kalten Jahreszeit ist nicht mehr

Norwegen

lange hin. Ich stelle mir vor, dass ich nur ein paar Wochen warten müsste, bis das Wasser da unten gefroren ist, Spikes aufziehen, und weiterfahren könnte, bis zum Nordpol und weiter nach Kanada. Den größten Teil der Strecke habe ich ja schon hinter mir. Ich bin schon mehr als halb am Nordpol, und es war eigentlich ganz leicht! Ich musste einfach Meter für Meter immer weiter.

Das ist das Besondere dieses Ortes: Hier ist eine natürliche Grenze, hier geht es vorerst nicht mehr einfach weiter.

Mein Rad wird nur einmal umgeweht, und wieder einmal macht sich beim Aufheben im tiefen, feinen Kies das enorme Gewicht bemerkbar. So schwer kann das Ding doch gar nicht sein. Vermutlich bin ich schon die ganze Tour über in keiner besonders guten körperlichen Verfassung. Vor 18 Jahren habe ich mein überladenes Reiserad mit einer Hand eine fünfzig Meter lange Freitreppe hochgeschleppt, ohne absetzen zu müssen, und das mit zehn Kilo weniger auf den Rippen. War ich als achtzehnjähriger Abiturient so fit, oder bin ich jetzt als Computersitzer trotz dreitausend Trainingskilometern in den letzten Monaten vor der Tour, und fast täglichen Lauf- oder Schwimmeinheiten im vergangenen Winter einfach völlig degeneriert? Ich war auch recht langsam dafür, dass keine Pässe im Weg waren, die Straßen fast durchweg sehr gut, und ich eines der schnellsten gefederten Fahrräder überhaupt fahre.

Jetzt ist das Pflichtprogramm erfüllt, der nördlichste Punkt der Reise erreicht. Pflicht? Wen interessiert es, ob ich hier war oder nicht? Gut, wofür verreist man überhaupt? Jedenfalls habe ich jetzt eine Vorstellung davon, wie es hier aussieht. Und bevor ich doch noch auskühle, will ich mir auch ein Bild vom Inneren des großen kuppelförmigen Gebäudes mit der Glasfront machen. Hier verlieren sich einzelne Grüppchen und Pärchen an Stehtischen. Zwischendurch sind auch Stühle und Sitzgruppen aufgestellt. Vor kurzem konnte man von hier aus im Trockenen und bei Zimmertemperatur die Mitternachtssonne bestaunen. Die Theke mit dem Informations-Schild ist vermutlich der Platz, wo man laut Geheimtipp nach dem Buch ver-

Die Halle - Das Museum am Ende der Welt

langen sollte, in dem man sich als Nordkapradler eintragen kann. So weit muss ich nicht gehen, ich mache Urlaub und unternehme keine von Sponsoren bezahlte Expedition, die ich nachweisen muss.

Die Kuppel ist nur eine Art Spitze eines Eisbergs. In einem Untergeschoß gibt es unter anderem Kinosäle und einen Tunnel. Ein deutschsprachiger Leiter einer Reisegruppe empfiehlt mir dringend, einen kurzen Film über die Insel anzuschauen, der in regelmäßigen Abständen gezeigt wird. Ich bin nicht zum Kino schauen hier, aber das kommt gerade recht. Die Vorstellung ist kostenlos, und der Vorführraum hat mehr als ausreichend Sitzplätze. Hier ist es relativ ruhig, trocken, windstill und warm. Man sitzt auch relativ bequem, hat zwanzig Minuten Zeit, um entspannt zu trocknen und ein paar Dörrpflaumen zu kauen.

Der Film geht über mehrere Leinwände nebeneinander und zeigt Leben, Kultur und Natur auf Magerøya, vorwiegend tagsüber und bei schönem Wetter, Fischen und Rentierzucht, üppige Blumenpracht und Vögel in einer extrem rauen Umgebung, herb und einfach wunderschön. Als ich mich zwischendurch umschaue, fällt mir eine Sitzreihe mit Asiaten auf. Jeder von denen hält sein Fotohandy hoch, das Objektiv auf die Leinwand gerichtet. Auf den ersten Blick wirkt das wie bei einem Konzert, wenn beim allgemeinen Lieblingslied das Licht im Zuschauerraum ausgemacht wird, und die Zuschauer ihre brennenden Feuerzeuge hochhalten. Vermutlich wollen sie aber nur den wirklich sehr schön gelungenen Film als Souvenir in ihre ferne Heimat mitnehmen, vielleicht übertragen sie ihn zur Feier des Tages direkt an ihre Familien zu Hause. Vielleicht teilen die sich sogar die Leinwand auf, um später den ganzen Film wieder zusammenstellen zu können, damit alles festgehalten wird und nichts verloren geht.

Leicht gewärmt schaue ich mich weiter in den Räumlichkeiten um.

Im Ausstellungstunnel fallen zuerst ein paar detailgenau gestaltete farbenfrohe Reliefs der näheren Umgebung auf, die wie Weihnachtskrippen mit Figuren geschmückt sind, meist Schiffchen und

Norwegen

Puppen, die historische Personen und deren Begleiter darstellen. Jedes der Krippchen zeigt eine Szene, die maßgeblich zum weltweiten Ruhm dieses Stückchens Erde beigetragen hat, vorwiegend Besuche von Prominenten, die zu ihrer Zeit noch die dreihundert Höhenmeter vom Meer aus in diesem unwirtlichen Klima zu Fuß ersteigen mussten, und sich danach als etwas besonders Besonderes gefühlt hatten.

Unter diesen erlauchten Besuchern war auch ein asiatischer König, der von dem Erlebnis so begeistert war, dass er einen Teil seiner Schätze gestiftet hat, um sie hier in einem Museum auszustellen. Dieses Museum liegt praktisch direkt neben den Nordkappkrippchen, und wirkt von außen wie ein golden glitzernder Souvenirladen. In und um diese Insel fernöstlichen Glanzes wimmelt es von asiatisch aussehenden Menschen, die sich gegenseitig mit diesen Schätzen aus der Heimat im Hintergrund fotografieren.

Da ich mir vorstellen kann, dass die Zeit, die diesen weit gereisten Mittouristen hier zur Verfügung steht, sehr knapp bemessen ist, verzichte ich darauf, dieses reine Stück Asien mit meiner europäischen Erscheinung zu stören. Außerdem bin ich nach den letzten Wochen Weite gewohnt. Mir graut ein wenig davor, mich in eine übervölkerte, mit Schätzen überladene Kammer zu zwängen.

Zwischen den Ausstellungen lande ich in der Kirche. Hier gibt es nämlich eine konfessions- und religionsfreie Kirche, in der alle Menschen, die hier vorbeikommen, zur Andacht geladen sind. Da der freundlich helle Raum praktisch frei von Ikonen und Motiven ist, könnte auch ein Moslem hier Andacht halten. Das vorherrschende Blau versetzt mich kurz nach Istanbul, in die Blaue Moschee. Ich bin fast allein hier, als ich mich kurz vor der Menschenmasse draußen erhole, fast wie in den schlichten Kirchen in den finnischen Städtchen.

Im Tunnel finde ich auch einen Hinweis auf eine Ausstellung, die neben der Kuppel im Freien zu bewundern ist - bei Tageslicht. „Kinder der Erde" heißt eine locker verteilte Ansammlung von aufgestellten dunklen kreisrunden Scheiben. Die mannshohen Münzen wurden von Kindern aus verschiedenen Kulturkreisen gestaltet. Leider sind sie in der Dämmerung nur schemenhaft zu erkennen.

Schließlich gönne ich mir zur Stärkung vor der nächtlichen Rückfahrt eine Pause mit einem heißen Kakao.

Auf dem Rückweg komme ich wieder an dem Kuppelzelt an der Wand der Halle vorbei, das mir vorhin aufgefallen war. Ich bin davon ausgegangen, dass das Mountainbike daneben den Bewohner samt Zelt hierhergetragen hat. Der junge Bursche bestätigt das auch.

Als ich mich angesichts der Busse auf dem Parkplatz laut wundere, dass um diese Uhrzeit noch so viel Betrieb ist, meint ein Busfahrer, dass es hier tagsüber richtig ungemütlich voll sei, und viele, die öfter hierher fahren, daher bewusst die Abendstunden wählen.

Ein Österreicher unterbricht das Gespräch und erklärt, dass ein Radfahrer auf dieser Strecke noch viel, viel heller sein muss, alles aus reflektierendem Material.

Zeitlos

„Wieso ich in den nächsten Tagen zweimal nervös geworden bin? Wie ein praktisches Beispiel für Telepathie aussieht (oder déjà vu oder so ähnlich?)? Wieso nicht alles Schnee ist, was weiß ist oder warum Salz nicht immer nur zum Baden da ist? Wie ganz kleine Wetterschwankungen ganz furchtbare Auswirkungen haben können? Was mir sonst noch wieder einfällt, wenn ich Dir schreibe?"

Noch ein gutes Stück vor Mitternacht mache ich mich ohne Eile auf den Rückweg. Nebenbei sehe ich auf irgendeinem Schild, dass die Halle um diese Jahreszeit sowieso nur noch gut eine halbe Stunde auf hätte. Im Sommer ist sie natürlich rund um die Uhr offen, der Mitternachtssonne wegen. Mich wundert, dass die Öffnungszeiten jetzt schon verkürzt sind. Zwar scheint die Sonne sowieso nicht, und

Norwegen

ist sicher auch hinter den Wolken bereits unter den Horizont abgetaucht, aber der Himmel, der immer wieder zwischen den stürmisch vorbeisegelnden Wolken zu sehen ist, wirkt immer noch nicht schwarz. In einer klaren Nacht müsste es jetzt demnach gerade erst dämmrig sein. Ich bezweifle, ob es überhaupt völlig dunkel wird. So etwas wie eine „Weiße Nacht" könnte man also bei schönem Wetter jetzt hier auch noch erleben. Zumindest dürfte bei klarem Wetter die Dunkelheit nicht länger andauern als eine Tasse Kaffee.

Mir ist das momentan egal. Ich betrachte die mir selbst gestellte Aufgabe, das Nordkap mit dem Fahrrad zu erreichen, als gelöst. Trocken würde ich in der Halle in absehbarer Zeit nicht mehr, und übernachten möchte ich hier auch nicht. Sicher könnte ich mich die wenigen Stunden bis zum Sonnenaufgang hier herumtreiben, aber angesichts des Wetters halte ich die Wahrscheinlichkeit, diesen zu sehen, für gering. Im Nachhinein betrachtet wäre der Versuch kein hoher Aufwand gewesen, aber ich spüre einen Anflug von Müdigkeit, und die macht mich geistig träge. Diese Trägheit führt bei mir momentan dazu, dass ich fortführe, was ich die ganzen vergangenen Wochen über gemacht habe: rastlos weiterfahren.

Zwei Radfahrer erreichen gerade die Halle. Das müssen die beiden von meinem Campingplatz sein. Die haben genauso wenig wie ich gewusst, welche Strecke und vor allem was für ein Wetter sie unterwegs und hier erwartet. Ich hatte zumindest das Glück, mir in Ruhe die Halle ansehen zu können, die geheizte Halle. Die beiden haben noch eine halbe Stunde dafür.

Ich peile aus dem Windschatten der Halle über den für mich gerade noch fahrbaren Kies die windige nächtliche Straße an. Der Seitenwind dort ist unangenehm, aber ich kann mich ganz gut halten. Vielleicht hat die Stärke des Winds nachgelassen, vielleicht haben sich meine Kräfte erholt, oder vielleicht ist mein Geist inzwischen so müde, dass er keine Gefahr mehr erkennen will. Ich fahre einfach zügig drauf los und halte meine Spur am rechten Straßenrand.

Zeitlos

Sehr bald bemerke ich, dass ich doch von der Öffnungszeit der Nordkaphalle betroffen bin. Ein Bus nach dem anderen überholt mich, es ist viel mehr los als bei der Hinfahrt. Nach etlichen Überholvorgängen habe ich gelernt, dass der richtig heftige Abriss der Windströmung eigentlich nur von den Reisebussen ausgeht. Lastwagen, auch die langen mit Anhänger, und Autos sind halb so wild. Vielleicht liegt das daran, dass bei Reisebussen der Boden recht tief liegt, bei Lastwagen dagegen die Bodenfreiheit fast so hoch ist wie mein Liegerad. Weil der Wind so rauscht, kann ich die Fahrzeuge aber anfangs schlecht unterscheiden, so dass ich wieder jedes Mal kurz anhalte, wenn ich einen Scheinwerfer hinter mir bemerke. Zeit kostet das halt, aber davon glaube ich genug zu haben.

Nach und nach höre ich auch den Fahrzeugtyp aus dem Rauschen des Windes heraus, beziehungsweise ahne an den Lichtern im Rückspiegel, was von hinten auf mich zukommt.

Ab der ersten Straßenkreuzung überholen mich mehr Lastwagen. Am Geräusch und mit Hilfe meines Rückspiegels lerne ich jetzt schnell, wann ich anhalten sollte, und wann ich weiterfahren kann. An den Lastkraftwagen erkenne ich auch, dass ich wieder im zivilisierten und echten Norwegen angelangt bin, außerhalb der für Touristen reservierten Ecke Nordkap. Und wegen der Sperrstunde der Nordkaphalle dürften mich inzwischen alle Reisebusse überholt haben. Wo kommen die ganzen Lastwagen auf dieser kleinen abgelegenen Insel her? Fahren die grundsätzlich nachts, um dem Touristenstrom zu entgehen?

Zwischendurch, so kurz nach Mitternacht, ist es tatsächlich bis auf meinen Scheinwerferkegel stockfinster, solange niemand überholt. Sogar zwischen den immer noch umhertreibenden Wolken glaube ich pechschwarze Flächen zu erkennen. Der ewig taghelle Sommer ist wohl tatsächlich um.

Das Wetter kommt mir ziemlich konstant vor, nicht zeitlich, sondern räumlich. Der stürmische Eisregen hängt noch in den selben Mulden wie bei der Hinfahrt. Diese Nadeldusche werde ich auch

Norwegen

noch einmal überleben. Und jetzt habe ich ja sehr gute Aussichten, in absehbarer Zeit meine nassen Sachen gegen trockene wechseln zu können - sofern meine Packtaschen samt Regenhüllen dicht halten. Da die Regenzonen recht begrenzt sind, habe ich aber in dieser Hinsicht keine Bedenken. Außerdem liegt mein trockener Seidenschlafsack schon ausgebreitet auf einem Bett im Schlafsaal.

Wenn erst einmal alles nass ist, und ich nicht allzu sehr friere, kommt es vor, dass ich auch Regenfahrten genieße. Das heißt nicht, dass es mir leicht fällt, freiwillig in den Regen zu starten, schon gar nicht nachts. Dazu kommt nach jedem Stopp die Überwindung, sich in das schmatzend nasse vollgesogene Polster zu legen, auch wenn sogar dann der Rücken gewärmt wird. Natürlich wäre es mir lieber, bei Sonnenschein durch die karge hügelige, manchmal von Felsen verzierte Graslandschaft zu strampeln und zwischendurch immer wieder einmal ein Picknick oder Fotos zu machen. Aber irgendwie fühle ich mich auch so in dieser Landschaft geborgen, müde und durchnässt, in der Gewissheit, dass ich bei jeder längeren Pause ziemlich frieren würde. Vermutlich kommt das Gefühl der Geborgenheit von der makellosen Teerstraße und dem sicheren Gefühl, dass ich mich kaum noch verfahren kann, weil die Insel nicht besonders groß ist und nicht sehr viele Straßen hat. Dazu kommt der Ruhe ausstrahlende Anblick der kleinen Bergseen in den südseitig verregneten Mulden.

Noch mitten auf der Strecke bemerke ich, dass die Fläche hinter den Wolken heller wird. Der Morgen beginnt zu dämmern.

Als ich gegen zwei Uhr morgens in meinem Tourismuszentrum ankomme, ist es bereits taghell. Regnen tut es nicht, genau wie bei meiner Abfahrt, und ich glaube, am Horizont im Norden sogar die Sonne zu erkennen und ihre wärmenden Strahlen zu spüren.

Obwohl es hell ist und ich mich gar nicht mehr besonders müde fühle, lege ich mich erst einmal schlafen. Ich bin immer noch der einzige Gast im Schlafraum. Um die Weiterfahrt werde ich mich nachher kümmern, wenn ich aufgewacht bin. Meine Idee ist, mit dem

Zeitlos

Postschiff auf der Hurtigrute weiterzufahren, und zwar nach Nordosten, und dann über die Region um den Inarisee nach Süden zu strampeln, bis ich auf eine Eisenbahnlinie treffe. Von da an soll meine Reise wenn möglich per Zug und Schiff ausklingen. Zwölf Tage stehen mir noch zur Verfügung. Genauer ausrechnen werde ich das frühestens, wenn ich die Hurtigruten-Fahrpläne kenne.

Schnell schlafe ich ein, und um zehn Uhr beschließe ich, dass ich wach bin. Ich habe gerade eine Radtour zum Nordkap hinter mir und noch über zehn Tage Urlaub. Die beginne ich mit Waschen, Duschen, organisatorischen Erkundigungen und Wartungsarbeiten am Rad.

Mir ist nämlich aufgefallen, dass nach der gestrigen Regenfahrt meine Hände schwarzblau eingefärbt sind, kräftig und fast flächendeckend. Ein Duschbad nimmt kaum merklich Farbe weg. Offensichtlich färben meine Handschuhe ab, wenn sie nass sind. Vielleicht gibt sich das, wenn man sie ordentlich wäscht.

In der Hoffnung, dass dabei nebenbei meine Hände wieder hautfarben werden, wasche ich erst einzelne Wäschestücke. Im Waschwasser weiche ich die schwarzen Handschuhe ein, so lange bis ich meine Kette gewechselt habe.

An der Rezeption erfahre ich, dass das Postschiff in Richtung Norden täglich um viertel nach drei Uhr Nachmittag ablegt. Das müsste leicht zu schaffen sein.

Zumindest reicht die Zeit leicht, um die Kette zu wechseln. Meine Kettenlehre hat in den letzten Tagen angezeigt, dass es Zeit für eine neue wird. Der alten habe ich noch die letzten zweihundert Kilometer bis zum Nordkap gegeben. Jetzt finde ich es an der Zeit, die neue aufzuziehen. Wofür habe ich das schwere Teil, zweieinhalb aneinander genietete normale Fahrradketten, die ganze Zeit mitgeschleppt? Wenn ich gewusst hätte, dass sie siebentausend Kilometer halten würde, hätte ich direkt vor der Fahrt eine neue aufgezogen, und nur ein paar Ersatzkettenglieder für Notfälle mitgenommen. Da ich aber von normalen Fahrrädern gewohnt war, dass die Schaltung nach

Norwegen

spätestens dreitausend Kilometern unruhig wird, hatte ich eine Ersatzkette für unvermeidlich gehalten. Meine Idee war, das alte Teil solange zu fahren, bis die Kettenlehre Verschleiß anzeigt, dann die neue aufzuziehen und ebenfalls bis zur Verschleißlänge zu fahren, und danach wieder für zweitausend Kilometer die alte zu benutzen, danach wieder für zweitausend Kilometer die neuere und so weiter.

Zwar habe ich das Ding vor der Abfahrt eingewachst und sorgfältig in Plastiktüten verpackt, aber ein wenig Flugrost hat sich doch angesetzt. Kommt das von der salzhaltigen Luft? Hoffentlich ist es wirklich nur Flugrost.

Geöffnet ist die Kette dank Schnellverschluss gleich. Jetzt gilt es, die neue wieder so durch die Plastikrohre und über die Zahnräder und Umlenkrollen zu fädeln, dass sie wieder passt. Die Länge habe ich bereits zuhause eingestellt. Zwar erweist sich das jetzt als ein wenig zu kurz, nachdem ich den Rahmen verlängert habe, aber im Normalbetrieb sollte das nichts ausmachen. Wenn ich tatsächlich so sehr über Kreuz schalte, dass die Kette spannt, merke ich das schon. Andersrum, wenn die Kette so lang ist, dass sie sich gegenläufig selber reibt, ist es kritischer. Wenn man das Rasseln, das dabei entsteht, zu lange ignoriert, kann es passieren, dass die Kette recht schnell hin ist. Da mein Antrieb auch laut wird, wenn ich stärker trete, könnte ich das auch überhören.

Die Länge müsste also passen. Ich versuche, die Situation zu nutzen, und das Fahrrad vor allem an den sonst schwer zugänglichen Stellen vom gröbsten Schmutz zu befreien, worauf die schwarze Schmiere mehr oder weniger gleichmäßig auf meine Hände und Unterarme, einen Lumpen und das Rad verteilt ist. Das Einfädeln der Kette ist noch spannender als an einem normalen Fahrrad. Kaum lässt man ein Ende aus, zieht sie sich rasselnd aus einem der Rohre zurück, durch die man sie vorher geduldig Zentimeter für Zentimeter durchgeschoben hat. Festbinden hilft. Beim dritten Versuch verläuft die Kette auch so, wie ich es für korrekt halte. Vor der ersten Probefahrt ist meine Hauptbefürchtung die, dass ich die Handgrif-

Zeitlos

fe dabei so verschmiere, dass ich damit tagelang alles schwarz einfärbe, was damit in Berührung kommt, also Hände, Handschuhe, Kleidung oder was auch immer, und auch alles, was damit in Berührung kommt, zum Beispiel Nase und Stirn beim Schweiß abwischen, Ohrenschützer und sonstige Kleidungsstücke, vor allem um die Taschen herum. Also gehe ich erst Hände waschen.

Das erweist sich als langwieriger als ich gedacht hatte. Normalerweise nehme ich bei schmierigen Händen ein kleines Stückchen Butter und löse damit die Schmiere. Die schmierige graue Masse, die dabei entsteht, lässt sich relativ leicht und gründlich mit warmem Wasser und Seife abwaschen. Ich habe aber keine Butter dabei. Bis vor wenigen Tagen war Sommer. Butter wäre in meinen Taschen flüssig geworden. Also wasche ich immer wieder meine Hände und Arme. Ich kann kaum glauben, dass die Haut in so kurzer Zeit so viel Schmiere aufnehmen kann.

Sobald wieder etwas Hautfarbe durchkommt, mache ich auch mit den eingeweichten Handschuhen weiter. Die geben auch nach mehreren Waschgängen immer noch pechschwarzes Wasser ab. Nachdem ich aufgegeben habe, die Teile waschecht zu bekommen, habe ich schon wieder oder immer noch schwarze Hände. Mir bleibt wohl nichts anderes übrig, als darauf zu vertrauen, dass die Haut sich alle sieben Tage erneuert. Ein Blick auf meinen Fahrradcomputer zeigt, dass es höchste Zeit wird, in Richtung Honningsvåg aufzubrechen.

Das Fahrrad ist in Ordnung, das Gepäck relativ schnell verstaut. Die frisch gewaschenen Wäschestücke und die anderen nassen Sachen versuche ich auf dem Gepäckträger und in dem Netzaufsatz auf der neuen Packtasche zu verteilen. Mehr auf einmal hätte ich wirklich nicht waschen dürfen. Habe ich nichts vergessen?

Inzwischen wird die Zeit knapp. Vor allem habe ich keine Ahnung, wo ich Fahrkarten bekomme. Ich werde erst einmal nach Honningsvåg fahren, und da sofort den Hafen ansteuern. Leicht gehetzt brause ich nach Süden. Vielleicht bin ich sogar schon zu spät dran. Eigentlich hatte ich heute einen geruhsamen Tag einlegen wollen. Die

Norwegen

Zeit zum Waschen und Kette wechseln habe ich völlig unterschätzt. Mir war heute Mittag noch im Kopf herumgespukt, dass ich mir noch kurz die Umgebung und das Dorf anschauen kann. Jetzt versuche ich erst einmal, das Schiff zu erreichen. Wenn ich zu spät dran bin, werde ich genug Zeit für das Dorf haben.

Die Strecke ist flach, aber weiter, als ich in Erinnerung hatte. Die Hurtigruten-Fähre sehe ich schon von weitem. Ich habe den Eindruck, dass das Schiff schon abfahrtsbereit ist. Ich ignoriere erst einmal die Uhr und schaue mich nach etwas um, das wie Ticketverkauf aussehen könnte. Auf dem Weg zum Hafen vergehen weitere wertvolle Minuten. Angeschrieben ist nichts. Eigentlich ist hier alles so eng beieinander, dass man keine Wegweiser braucht, aber was macht man als Fremder, wenn man nicht genau weiß, was man sucht? Vor allem sind momentan kaum Einheimische unterwegs, die man fragen könnte. Ich kämme in der Hafengegend Gebäude für Gebäude durch, Beschriftet ist keines. Offensichtlich sind Stahltüren hier Standard. Manchmal klopfe ich an eine Tür und warte ab, ob jemand reagiert. Das Schiff wirkt immer agiler, ist aber noch am Anlegesteg. Zuletzt erwische ich ein Gebäude mit Glasfront und Büros, wo ich auch jemanden antreffe. Das Dorf vibriert gerade von einem durchdringenden tiefen Tröten, das aus der Richtung des Schiffs kommt.

Ja, Karten gibt es bei uns, oder direkt auf dem Schiff. Sie müssten nur auf das Schiff gehen und dort eine Karte kaufen.

Das Schiff legt gerade ab.

Plan C

Nun habe ich also mehr als genug Zeit. Morgen um die gleiche Zeit geht das nächste Schiff nach Norden. Das nächste in Richtung Süden geht um sechs in der Früh. Ich gehe einkaufen. Die frischen

Plan C

und die milchhaltigen Lebensmittel, die ich im Supermarkt erstanden habe, nehme ich gleich ein, auf einer Sitzgruppe in einem kleinen Park am Ortseingang, mit Blick aufs Meer, auf das Dorf und auf die Landstraße. Es ist recht kühl und ziemlich windig. Zwischendurch beginnt es mehrere Male zu nieseln. Der Himmel zeigt keine Anzeichen davon, dass das Wetter innerhalb des nächsten Tages freundlicher werden könnte. Ich erinnere mich an Erzählungen von anderen Radfahrern, die in dieser Region weniger Glück mit dem Wetter hatten, auch solchen, die eine Etappe vor dem Ziel umgekehrt sind, und beschließe, meinen Reiseplan zu ändern und mit dem Rad zurück aufs Festland zu fahren, heute noch. Mein rechter Fuß schmerzt seit gestern nicht mehr, gegessen habe ich gerade, bis Olderfjord sind es vielleicht 90 Kilometer, und es ist gerade einmal fünf Uhr, fünf bis sechs Stunden vor Sonnenuntergang. Los geht's, auf durch die Tunnels!

Noch kann ich kaum glauben, dass ich es bis zum Nordkap geschafft habe, schon bin ich auf dem Rückweg. Die Tunnels gefallen mir jetzt auch nicht, aber man gewöhnt sich dran. Auf den Nordkaptunnel bin ich jetzt seelisch eingestellt. Mich erschreckt nur die Geschwindigkeitsanzeige, die auf sechzig steht, obwohl ich mir vorgenommen habe, ganz vorsichtig zu fahren, und auch das Gefühl habe, zurückhaltend unterwegs zu sein. Am Anstieg bemerke ich, welche Zahnräder bereits stärker abgenutzt sind. Nach jedem Kettenwechsel hüpft die Kette bei einzelnen Zahnrädern. Das ist normal, wenn man etwas spät eine neue Kette aufgezogen hat, und gibt sich normalerweise nach wenigen hundert Kilometern.

Angesichts des Wetters, das immer trüber wird, bereue ich meinen plötzlichen Aufbruch nicht. Möglicherweise steht ein Wettersturz bevor. Und dem nach, was ich bisher von dieser Region gehört habe, kann das Dauerregen bedeuten, wochenlangen heftigen Dauerregen, und in dieser Jahreszeit, vier Wochen vor Herbstanfang, womöglich Temperaturen, die einem Mitteleuropäer winterlich vorkommen. Ich denke an Schneematsch und beschleunige.

Norwegen

Auf dieser flachen, gut geteerten Straße komme ich auf jeden Fall irgendwie vorwärts. Es ist ja trocken. Ein einzelner Radfahrer kommt mir entgegen. Ich erzähle ihm, was ich von der restlichen Strecke weiß, und mache ihm Mut, dass die restliche Strecke nicht mehr allzu weit und heute noch schaffbar ist, zumindest bis zum großen Campingplatz. Er ist über Norwegen gefahren, und mir wird stärker bewusst, dass ich mit meiner Streckenwahl eine radfahrerisch vergleichsweise sehr einfache Möglichkeit erwischt habe, um von Deutschland auf dem Landweg zum Nordkap zu gelangen.

Einige Reisebusse und Wohnmobile überholen mich und kommen mir entgegen. Viele der Insassen machen mir ermutigende Handzeichen. Einige hupen, andere fotografieren oder filmen durch die Scheibe.

Selber strample ich entspannt die Fjorde entlang und ziehe mir den Anblick der rauen Gebirgslandschaft und der friedlichen Wasserfläche rein. Es ist, als führe ich ständig einen Bergsee entlang, einen großen Stausee, um den eine Teerstraße führt. Wenn ich ein Zelt hätte und das Wetter freundlicher aussähe, würde ich vielleicht irgendwo hier ein Lager aufschlagen. So will ich erst einmal ein Stück nach Süden kommen. Ich fühle mich, als würde ich einem Wintereinbruch davonfahren. Vermutlich kommt das durch den sich von Westen her dunkelgrau einfärbende Himmel, der mich Schneefall erwarten lässt. Womöglich ist das aber einfach die Dämmerung über der gleichmäßigen Wolkendecke. Und statt nahendem Schnee rieche ich das Meer. Ich fahre gerne bei so einem Wetter Rad, vor allem, solange es trocken ist. Und mein Unterbewusstsein sucht vielleicht eine Motivation, auch auf der Rückreise zügig zu fahren. Auf dem Rückweg der Marokkoreise vor sechzehn Jahren war es die bevorstehende Regenzeit, die mich mein Tempo verschärfen ließ. Damals war die Sorge sehr berechtigt: Ich war einem heftigen Regeneinbruch um zwei Tage voraus.

Diesmal achte ich genauer auf mögliche Nachtquartiere als auf der Hinfahrt. Jetzt, in der Nachsaison, scheint es zwischen Honningsvåg und Olderfjord tatsächlich keine offizielle Übernachtungsmöglichkeit zu geben. Bei einem der Häuser am Strand steht auf einem Schild etwas wie Hytter, das norwegische Wort für Campinghütten. Es sieht aber von weitem geschlossen aus. Überhaupt wirkt die Gegend jetzt erst recht recht einsam. Alle paar Kilometer stehen ein bis drei kleine bunte Holzgebäude mit Metalltüren am Strand. Vor einigen hängt Wäsche, um einige liegt Kinderspielzeug herum. Nachbarn in Rufweite scheint keiner zu haben. Ich vermute, dass die Einödanwesen von je einer Partei bewohnt werden. Wer weiß, ob dieser Landstrich im Winter überhaupt besiedelt ist.

Nach und nach dämmert es, aber ich weiß ja inzwischen, dass die Dämmerung hier recht lange andauert. Außerdem habe ich sowieso knapp kalkuliert und nicht ernsthaft erwartet, vor Einbruch der Dunkelheit in Olderfjord anzukommen.

Fast wie prominent

Als ich um elf Uhr steinmüde einen Campingplatz mit Hotel erreiche, ist es schon fast dunkel. Ich wundere mich, dass hier aus allen Fugen eine körnige weiße Masse leuchtet. Hat es gehagelt? Für Schnee ist es eigentlich bei gefühlten zehn Grad plus zu warm. Salz kommt mir am wahrscheinlichsten vor. Dass direkt am Meer alles mehr oder weniger versalzt, war mir klar. Aber hier liegen fünfzig Meter und eine Landstraße dazwischen. Bin ich Zeuge einer besonderen Naturerscheinung? Vielleicht sollte ich vorsichtshalber im Hotel oder in einer Hütte schlafen. Die Wetterkapriolen auf den letzten Kilometern auf dem Weg zum Nordkap und zurück in der Nacht zuvor sind noch zu nah und deutlich in meinem Gedächtnis. Innerhalb von zehn Kilometern hatte ich mehrfach die ganze Palette von Sonne bis Sturm und Hagel und zurück, oft im Minutentakt, und auf dem Rückweg praktisch das Gleiche. Ich habe überhaupt keine Lust, nach der friedlichen Fahrt um die Fjorde überraschend im

Norwegen

Schlaf eingeschneit zu werden, und bin zu müde, um mir in einem solchen Fall eine angemessene Reaktion zuzutrauen.

Sowieso muss ich erst die Lage peilen, also einen Blick auf den Campingplatz werfen, der direkt hinter dem Hotel liegt. Hier scheint niemand mehr auf zu sein. Das finde ich um diese Uhrzeit schon in Ordnung, obwohl ich jetzt gerne in einer Hütte übernachtet hätte. Im Hotel brennt in Rezeptionsnähe noch ein Licht. Schon hat mich jemand entdeckt. Der Mann, der aus dem Hotel auf mich zu kommt, meint, im Hotel sei noch etwas frei. Als er etwas von Frühstücksbuffet und fünfundsechzig Euro erzählt, bin ich einverstanden. Schließlich ist das meine erste Hotelnacht seit Lettland, und vorgestern habe ich immerhin das Nordkap erreicht, wofür ich ein trockenes Bett in einem warmen Raum und eine Dusche verdient habe. Als ich merke, dass die Heizung an ist, hänge ich erst einmal alle nassen Sachen darüber und in die Nähe. Außerdem wasche ich noch einmal ein paar Sachen. Nach der warmen Dusche schlafe ich trotz des sehr weichen Betts sofort und tief ein.

Um möglichst viel aus den fünfundsechzig Euro herauszuholen, verbringe ich zwei Stunden mit dem Frühstücksbuffet. Krokodile fressen für bis zu zwei Jahre im Voraus, wieso sollte ich so was nicht auch können? Der Mensch ist schließlich ein viel moderneres Modell. Recht alt sollen diese Reptilien auch werden, und sie sind eine der ältesten noch nicht ausgestorbenen Tierarten. Was sich hundert Millionen Jahre lang durchsetzt, muss gesund sein. Ich gehe doch noch zu dem Warmhaltebehälter mit den Fleischbällchen. Vielleicht sind da doch Nährstoffe drin, die im Lachs und den ganzen anderen Sachen gefehlt haben. Eingedenk der berüchtigten Lebensmittelpreise in Norwegen wird so die Hotelübernachtung vermutlich sogar günstiger als eine Nacht in einer Hütte und ein Restaurantbesuch oder ein ausgiebiges Supermarkt-Menu mit vergleichbarem Nährwert.

Durch die Glasfront, hinter der der Frühstücksraum liegt, habe ich gesehen, dass langsam Gegenverkehr kommt. Ein Radler oder eine

Fast wie prominent

Radfahrerin mit schwer bepacktem Fahrzeug hat auf dem Parkplatz angehalten und die Karte studiert. In dieser dünn besiedelten Region nimmt man gerne so eine markante Gebäudegruppe aus Hotel, Souvenirladen, Campingplatz, Tankstelle und Café als Anhaltspunkt zur Orientierung, oder um zu checken, ob man nicht doch noch etwas braucht. In diesem Fall ist das besonders berechtigt, da hier die letzte Einkaufsmöglichkeit vor Honningsvåg besteht. Auf den nächsten achtzig Kilometern gibt es nur vereinzelte Häuschen am Strand und etliche Schafe und Rentiere. Die Radfahrerin zum Beispiel, doch, ich glaube, es ist eine Frau, die geht ins benachbarte Café.

Selber gehe ich bezahlen und packe mein Rad auf. Jetzt erfahre ich auch, was es mit dem weißen Zeug auf sich hat, das vor dem Hotel und den Nachbargebäuden wie Schneereste in allen Fugen und Ecken liegt.

Es ist Salz und dient zur Unkrautbekämpfung. Was wächst denn in dieser rauen Gegend schon freiwillig? Ich gestehe den Einheimischen zu, dass sie wissen, was sie tun, versuche, mein Rad mit möglichst wenig Bodenkontakt durch die Salzstreifen zu bekommen, und werfe ausnahmsweise einen Blick in den Souvenirladen.

Mit den Souvenirs von Radtouren ist das so eine Sache: Was schwerer als fünfzig Gramm oder sperrig oder zerbrechlich ist, sehe ich gar nicht erst, Kitsch ignoriere ich. Da dürfte kaum etwas übrig bleiben. Weil mir das bewusst ist, gehe ich normalerweise erst gar nicht in so einen Laden. Zur Feier des Tages und weil ich seit frühester Kindheit nicht mehr in so was drin war, wenn überhaupt jemals, gehe ich trotzdem rein.

Woran ich mich erinnern kann, ist, dass ich zuerst allein bin, und nach und nach immer mehr Leute kommen. Durch die Tür und die Fenster sehe ich einzelne Reisebusse auf dem Parkplatz. Als ich selber wieder auf den Parkplatz gehe, unterhalte ich mich mit den Besitzern von zwei voll bepackten Fahrrädern. Das Pärchen aus der französischsprachigen Schweiz ist natürlich unterwegs zum Nord-

Norwegen

kap. Während wir uns vor dem Souvenirladen unterhalten, vor allem Informationen über die bisherige Strecke austauschen, fragt jemand anderes, wo ich her sei, und ob er mich fotografieren dürfe, zusammen mit meinem Rad. Ich mache mit, sollen die ihren Spaß haben. Dann nehmen wir das Gespräch wieder auf.

Mittlerweile ist noch ein Bus angekommen. Wo kommen Sie her? Fahren Sie auch zum Nordkap? Nein, da war ich schon, aber die beiden fahren heute da hin. Toll, darf ich ein Foto von Ihnen und dem Liegerad machen?

Inzwischen ist die Radfahrerin aus dem Café wieder aufgetaucht und gesellt sich zu uns. Die zierliche Frau mit dem verwegenen graublond melierten Zopf und den lustigen Augen, der es lieber gewesen wäre, wenn ich französisch gesprochen hätte, die aber auch sehr gut Englisch kann, kommt aus Frankreich, aus der Gegend zwischen Nizza und Monaco. Da war ich 1988, auch mit dem Rad. Gutes Gedächtnis hast du. Sie erinnert mich an eine Rennradlerin, die mir damals nach einer Kettenpanne ein Reinigungstüchlein gegeben hat. Stimme und Gesicht könnten passen, sechzehn Jahre reifer. Englisch konnte die Frau damals gar nicht.

Sie ist in Bergen gestartet, in etwa wie die beiden Schweizer, und will natürlich zum Nordkap. In den Ferien macht sie immer eine Radtour, um ein bestimmtes Land ein wenig kennen zu lernen, mal Schottland, mal Burma, und alle möglichen sonstigen Länder. Hört sich interessant an. Die Frau hätte sicher viel zu erzählen.

Ich erzähle, dass die beiden anderen auch französisch können und auch unterwegs zum Kap sind, und natürlich von der Strecke, die noch kommt. Es wird außer dem vorletzten Campingplatz noch eine einzige Einkaufsgelegenheit geben, in Honningsvåg, ein paar Kilometer nach dem Nordkap-Tunnel, und noch einem Tunnel rechts unten am Meer. Der Nordkaptunnel ist mit seinen über dreihundert Höhenmeter abwärts und aufwärts auf sieben Kilometer Länge nicht zu unterschätzen aber machbar. Und die letzten zwanzig Kilometer zum Kap sind recht bergig, aber da ihr durch Norwegen

Fast wie prominent

gekommen seid, wird das nichts besonderes für euch sein. Heute Nachmittag könntet ihr das Nordkap erreichen.

Die Unterhaltung wird immer schwieriger. Immer wieder will mich jemand mit Rad fotografieren oder interviewen, obwohl ich mich eindeutig mit den anderen Radfahrern unterhalte. Ein Bus aus Österreich ist inzwischen auch eingetroffen; die Interviews nehmen professionelleren Charakter an. Einer der Österreicher fragt und einer fasst meine Antwort inhaltlich zusammen, so wie neulich der Reporter in Polen. Es hört sich zwar so an, als würde der Zusammenfasser ständig mich und seinen Landsmann korrigieren, aber vermutlich lässt er diskret ein Diktiergerät oder eine Kamera im Handyformat mitlaufen.

Verzweifelt versuche ich, mit den Radfahrern in Kontakt zu bleiben. Deren Rückreisepläne würden mich noch interessieren. Noch habe ich die Idee nicht aufgegeben, einen Teil der Strecke mit dem Postschiff auf der Hurtigroute zurückzulegen. Wenn jemand der anderen das auch vor hat, wäre ein Wiedersehen ja nicht ausgeschlossen. Die Französin hat zum Beispiel praktisch das gleiche verbleibende Zeitbudget. Ich komme nur beim besten Willen nicht mehr dazu, mit ihr zu reden. Fahren Sie mit dem Rad noch zum Nordkap? Nein, aber die anderen drei Radfahrer. Mit denen redet niemand. Vermutlich liegt das daran, dass mein Liegerad einfach spektakulärer ausschaut. So schön es hier im Flachland zu fahren ist, so auffällig ist es noch. Immer wieder versuche ich, die Fragen der Busreisenden kurz, knapp und langweilig zu beantworten, um möglichst gleich wieder mit den anderen reden zu können, aber nach jeder Antwort tauchen neue Fragen und Frager auf. Obwohl ich mindestens zehnmal darauf hinweise, dass die anderen Radler genau ihre Reiseroute vor sich haben, redet die niemand an. Ich winke ihnen zum Abschied. Ein gesprochener Gruß ist nicht mehr möglich. Bald kann ich aber einen ruhigen Moment nutzen, an dem gerade weniger Busse vor dem Laden parken, um mich, per Kamera wohl dokumentiert, nach Süden abzusetzen.

Norwegen

Zumindest schmerzt mein rechter Knöchel seit zwei Tagen nicht mehr, so dass ich endlich wieder locker und zügig durchfahren kann. Zwar irritiert mich, dass dieser Knöchel, seit der Schmerz nachgelassen hat, immer dicker wird, aber vorerst freue ich mich darüber, dass er nicht mehr weh tut, und vor allem, dass ich der ungewohnten Menschenmeute entronnen und wieder unterwegs bin.

Verstehen kann ich die Leute schon. Die sind tagelang mit Scott, Michel aus Lönneberga, Jack London und Amundsen im Hinterkopf und mit ihren Kameras bewaffnet im Bus gesessen und über Autobahnen und Landstraßen gebrettert, und haben bisher, abgesehen von ein paar Halts, nicht viel mehr mitbekommen, als sich gegenseitig und viel Landschaft. Und jetzt haben sie auf einmal ein neues Motiv, mit dem sie sogar reden können. Und ein Liegeradler auf dem Weg zum Nordkap ist noch dazu etwas seltenes.

Aber nerven tut es trotzdem. Es waren einfach zu viele auf einmal. Ein gemütlicher Ratsch wäre mir lieber gewesen.

Erschöpft und mit dem festen Vorsatz, künftig um Parkplätze mit Reisebussen einen möglichst großen Bogen zu machen, strample ich in Richtung Alta. Auch nach Hammerfest und Narvik zeigen Schilder. Alta passt von der Lage her am besten. Von hier aus kann ich direkt nach Süden fahren. Außerdem liegt es an einem Fjord, ich werde praktisch einen Blick auf die Nordsee werfen können, bevor ich auf dem schnellsten Weg wieder die Ostsee anpeile.

Hier gibt es auch längere Steigungen, manchmal mit Serpentinen, und gelegentlich hoch gelegene Ebenen. Die Flächen sind oft nur von niedrigem Gras bedeckt, Wald gibt es nur an wenigen geschützten Stellen. Dafür sieht man in kilometerweiten Abständen über die Ebenen verteilt Häuser. Hier nennt man so etwas vermutlich Siedlung. Zwischen Olderfjord und Alta komme ich nur durch ein einziges Zentrum, ziemlich genau in der Mitte. Hier gibt es eine Tankstelle, einige Übernachtungsmöglichkeiten und einen Lebensmittelladen. Ich bin von Honningsvåg her und mit dem heutigen Frühstück noch gut versorgt und fahre durch.

Fast wie prominent

Ich möchte weiterfahren, aber auch einmal verweilen, wage es im Endeffekt nicht, lange stehen zu bleiben, weil ich weiß, dass ich frühestens am frühen Abend in Alta sein werde, und mich zumindest im Kopf wegen meines dicken Knöchels für eine Nachtfahrt zu angegriffen fühle.

Am Ortsanfang von Alta mache ich eine Brotzeitpause mit Blick über den Fjord. Die Ortschaft sieht weitläufig verteilt aus. Um zur Jugendherberge zu kommen, muss ich nur wenige Kilometer durch einen Vorort fahren. Sogar ein größerer Supermarkt liegt auf dem Weg. Ich muss also gar nicht ins Ortszentrum hinunter.

Mein Zimmergenosse ist ein Wandergeselle aus Deutschland, ein junger Tischler, der gekleidet ist wie seine Kollegen aus dem Bilderbuch, mit lederner Hose, einem schweren schwarzen Mantel, Hut und einem Stock mit Bündel. Der junge Mann ist unterwegs nach Karasjok, dem Grenzort zu Finnland und Norwegen, aus dem vermutlich die Sami gekommen sind, mit denen ich mich vor etwa einer Woche in dem Restaurant in Karigasniemi unterhalten hatte. Dort hat er einen Job für den Winter.

Eine Polarnacht in einer derart abgelegenen Gegend ist bestimmt eine ganz spezielle Erfahrung für einen Menschen aus mittleren Breiten. Ich bin mir nicht ganz sicher, ob ich diese Erfahrung überhaupt machen möchte.

Noch eine Deutsche logiert in der Herberge, Astrid, die ihren Sohn, der gerade die mittlere Reife geschafft hat, zu seiner neuen Schule begleitet. Der wird dort ein Dreivierteljahr lang traditionelle norwegische Fertigkeiten lernen. Entschieden hat er sich für den Umgang mit Schlittenhunden. Für die Schule kann sich grundsätzlich jeder Schüler nach der mittleren Reife bewerben, wobei natürlich norwegische Kinder bevorzugt werden. Astrid ist zwar Deutsche, hat aber Wurzeln in Norwegen und ihr Sohn damit leichte Vorteile bei der Auswahl der Kandidaten.

Die Herberge hat Internetzugang. Auf Anfrage lässt das Mädchen an der Rezeption Gäste an den Computer. Ich verzichte darauf, ich will fahren. Vor dem Computer werde ich bereits in zehn Tagen wieder sitzen, den ganzen Tag lang, und den nächsten, und den nächsten ...

Gedankenübertragung, Silberschmiede und Heilung

Wie immer ein wenig später als ursprünglich angepeilt breche ich von Alta auf. Ab jetzt wird es für den Rest der Tour tatsächlich deutlich und ohne Abschweifungen nach Süden gehen. Bis zu den ersten Bahnlinien möchte ich schon noch mit dem Rad fahren, ein wenig Lappland im Spätsommer schmecken. Wenn es halbwegs gut läuft, könnte ich auch bis zur Ostseeküste fahren, und dort ein Schiff in Richtung Süden nehmen. Ich habe keine Ahnung, welche Linienschiffe wo in der Ostsee verkehren, aber irgend etwas müsste von Happaranta aus schon nach Süden gehen. Dann könnte ich mich zwei oder drei Tage lang erholen und die Reise gemütlich ausklingen lassen.

Fit fühle ich mich schon, fast ausgeruht. Nur mein rechter Fuß macht mir Sorgen. Zwar habe ich überhaupt keine Schmerzen mehr, aber die Schwellung wird immer stärker. Die Region von der Ferse bis zu den Waden sieht inzwischen aus wie aufgeblasen. Nicht, dass mich das behindert, aber es beunruhigt, und ich fahre mehr oder weniger unbewusst im Schongang. Astrid aus der Jugendherberge, die Krankengymnastin ist, hat mir zum Wärmen geraten, demnach lag die Apothekerin am Inarisee mit dem Wärmegel richtig. Zusätzlich habe ich dicke Wollsocken an. Mit den Neoprengamaschen wäre es noch wärmer, aber Schweißfüße bekomme ich beim nächsten Regenguss, wenn ich die Dinger doch anziehe, sowieso wieder.

Wie in den letzten Wochen finde ich um meine Strecke herum viel Platz und wenig Häuser vor. Unterschiede zu Finnland gibt es aber doch. Dort hatte ich zuletzt das Gefühl, das Land wäre wellig, aber von der Höhe her praktisch eben. Auf jeder Steigung hatte man schon die Kuppe gesehen, ab der es sogleich wieder genauso weit hinabgehen würde, wie man gerade hinauf strampeln musste. Flache Stücke gab es kaum. Weiter im Süden war praktisch die ganze Strecke am Straßenrand dicht bewaldet oder frisch abgeholzt oder frisch aufgeforstet. Von Häusern sah man normalerweise nur einen Briefkasten und möglicherweise ein Schild oder eine Plastik oder Skulptur eines Bären.

Hier ist es wie in einem rasierten Gebirge: Bäume sind rar. Dörfer erkennt man von weitem als solche, wenn man mit etwas Phantasie die weit verstreuten Häuschen gruppiert. Weit bedeutet, dass direkt benachbarte Häuser mehrere hundert Meter auseinander liegen. Und zwischen den Dörfern ist Platz, viele Kilometer, bis zu fünfzig. Dass in dieser traumhaft schönen Landschaft so wenige Menschen wohnen, kann ich mir nur dadurch erklären, dass die Lebensbedingungen hier in der meisten Zeit des Jahres sehr hart sein müssen.

Mich wundert, dass trotz der dünnen Besiedlung so viele Schilder zu sehen sind. Mehr als Ortsschilder sehe ich Hinweise für Angler. Einige sind sogar auf Englisch übersetzt. Zum Beispiel sollte man unbedingt seine Ausrüstung reinigen, wenn man sein Angelgewässer wechselt, um die Ausbreitung von Fischkrankheiten zu vermeiden. Außerdem sehe ich etliche Autos an Parkplätzen, und Angler bei der Arbeit.

Wieder wage ich wegen der großen Entfernung zum nächsten überdachten Punkt keine richtige Pause. Die trockenen Stunden will ich nutzen, um schön zügig voranzukommen. Außerdem regnet es dann doch immer wieder, so dass erstens ein Aufenthalt ungemütlich würde, und zweitens eine Nacht im Freien erst recht. An einer lang gezogenen Steigung nach einem malerisch schönen Tal vergeht mir schlagartig die Motivation, ohne besonderen Anlass. Als mich ein Pickup überholt, mit einer Ladefläche, die gerade mein Fahrrad aufnehmen könnte und außerdem im Vorbeifahren leer aussieht, den-

Norwegen

ke ich mir, dass ich dem Fahrer heute ausnahmsweise eine Mitfahrgelegenheit nicht ausschlagen würde. Der Wagen hält an. Ich wundere mich nicht einmal richtig. Mein Fahrrad hat Platz auf der leeren Ladefläche, nicht zuviel, so dass es nicht weit herumrutschen wird.

Bernhard, der junge Fahrer, ist unterwegs, um ein großes Aquarium abzuholen. Im Urlaub macht er selber auch manchmal Radtouren. Wie ich war er schon an der Südküste Spaniens unterwegs. Außerdem mag er Fische nicht nur im Aquarium, sondern auch an der Angel und in der Pfanne.

In Norwegen ist Lachs fischen sehr beliebt. Bernhards vierzehnjähriger Bruder hat erst vor wenigen Tagen einen dreißig Kilo schweren Lachs aus einem Fluss gezogen. Ich denke an den Mann gestern, der einen riesigen Fisch zum Auto geschleppt hat. Bei dem Bild hatte ich mir gedacht, dass das in dem Augenblick ein recht glücklicher Mensch sein muss.

Kochen kann ich nur die kleinen, die in eine Pfanne passen, die Forellen. Bernhard erzählt daraufhin, dass er die auch bevorzugt. Und das Fliegenfischen. Lachsfischen ist so … aufwändig: Kleidung, Ausrüstung, Technisches Zubehör …

Ich erfahre auch, dass der letzte Winter ganz katastrophal für die Rentierzucht war. Am Anfang des Winters, als die Schneedecke noch dünn war, ist er fast weggetaut, bevor es wieder gefroren hat. Das hat eine Eisschicht gegeben, die die Rentiere nicht wegscharren konnten. Unzählige der eindrucksvollen Tierchen sind deshalb verhungert. Unglaublich, dass so eine an und für sich unspektakuläre Laune des Wetters derart schlimme Folgen haben kann.

Bernhard erzählt mir mehr über sein Fahrtziel: Sein ehemaliger Chef hat sich ein neues Aquarium gekauft, und er bekommt das alte. Er hat in einer ganz besonderen Firma gearbeitet: Seine zeitweiligen Chefs kommen aus Dänemark, haben aber jahrelang unter den Sami gelebt und deren Leben, Bräuche und Kunst studiert. Auf Grund der dabei gewonnenen Erfahrungen haben sie schließlich Silberschmuck entwickelt, der bei den Sami verwurzelte Symbole darstellt.

Gedankenübertragung, Silberschmiede und Heilung

Die Idee mit dem Silberschmuck ist neu und lässt sich vermarkten, die Symbole sind von den Einheimischen, die jetzt den Schmuck in Lizenz oder als Angestellte des Silberschmieds herstellen und verkaufen.

Das Unternehmen ist so bekannt, dass junge Leute aus aller Welt kommen, um hier in Lappland das Gold- und Silberschmiedehandwerk zu erlernen. Bernhard war einer von ihnen, einer von wenigen Auszubildenden aus Norwegen. Das hieß für ihn, dass er sich in seiner Ausbildungszeit im eigenen Land nicht in seiner Muttersprache unterhalten konnte. Er macht immer noch Silberschmuck, aber jetzt selbständig in Lizenz.

Wenn ich mag, darf ich mitkommen und vielleicht die Silberschmiede besichtigen. Zeit, die ich durch die Mitfahrgelegenheit gewonnen habe, kann ich jetzt in die Besichtigung investieren. Währenddessen könnte mein Fuß ausruhen.

Das Hauptgebäude ist der Natur nachempfunden, beziehungsweise der Geometrie. Zum Beispiel wurde das Dach an einer etwas durchhängenden Leine ausgerichtet. Die Auszubildenden wohnen, wie früher Bernhard, mit je einem Kollegen oder einer Kollegin in Hütten, die vor dem Betriebsgelände aufgereiht sind. Die Werkstätte ist eine großräumige Manufaktur, in der etliche junge Leute an unzähligen Werkbänken hochkonzentriert arbeiten. In jeder Ecke, an jeder Wand sieht man Schmuck und Dekorationsgegenstände. Nennt man das volkstümliches Kunsthandwerk? Vermutlich.

Die Chefs laden uns auf eine Tasse Tee ein. Wie kamen Sie hierher? Bernhard hat angehalten, und mich mitgenommen. Ja, Bernhard hält immer an. Schließlich helfe ich kurz, das riesige Aquarium auf die Ladefläche zu wuchten. Als wir wieder unter uns sind, frage ich Bernhard, ob ich ihm etwas Schmuck als Souvenirs abkaufen kann. Hübsch anzusehen sind die kleinen Broschen, Ohrringe und Anstecker schon. Und sie sind leicht und nicht allzu zerbrechlich. Ich suche mir schöne Exemplare aus, und Bernhard lässt es sich nicht nehmen, mir noch eines zu schenken. Er erklärt mir, dass ich

Norwegen

jetzt in Kautokeino bin, einer ganz zentralen Ortschaft in Lappland mit hunderten von Einwohnern. Ich kann einige der Häuser ausmachen, die weitläufig in der hügeligen Umgebung verstreut liegen. Am Zentrum sind wir schon vorbei.

Da ich noch Zeit habe, aber die nächste Ortschaft noch weit weg ist, verzichte ich auf eine Ortsbesichtigung und fahre gleich nach Süden weiter.

Die Beschilderung dokumentiert ganz gut die Entfernungen, die dünne Besiedlung: Letzter Rastplatz für achtzig Kilometer, und das auf einer Landstraße.

Auch außerhalb der Siedlungen gibt es wie in Finnland Gebäude. Das sind an Kreuzungspunkten Tankstellen mit einem kleinen Gemischtwaren- und Blumenangebot, und entlang der Hauptstraße Souvenirläden oder Golfzentren. Immer wieder sehe ich Golfer rumlaufen, die meisten mit Metallwägelchen, die in der Nähe der Zentralgebäude wie Einkaufswagen zusammengeschoben bereit stehen. Irgendwie verströmen die nicht so den Hauch von Luxus wie die eleganten Caddys und Elektroautos, die auf deutschen Golfplätzen unterwegs sind.

Nebenbei bemerke ich, dass meine Waden und Knöchel nicht mehr angeschwollen sind. Vielleicht haben Wärmegel, Neoprengamaschen und die Heizung in der Silberschmiede kombiniert mit der Pause zusammen die geschundene Muskel- und Gelenkregion beruhigen können.

Westliches Finnland

Mehr Regen und längere Nächte

Noch vor der Abenddämmerung überquere ich die Grenze zu Finnland. Als ich am nächsten Campingplatz lande, ist bereits alles geschlossen. Ich lege meinen Schlafsack auf eine Bank in einem höhlenartig angelegten Gebäude mit Feuerstelle, das zum See hin offen ist. Zur Rezeption kann ich auch morgen gehen. Es ist saukalt. Vermutlich kommt mir das so vor, weil ich nicht ganz trocken bin.

Einige Stunden später wache ich mit einem herrlichen Blick auf einen kleinen See auf. Die Landschaft wirkt in den aufsteigenden Nebelschwaden richtig herbstlich. Ein wenig schaffen es die warmen Laubfarben, die Kälte zu verdrängen. Trotzdem breche ich ohne Bad auf.

Die Souvenirläden, die in unregelmäßigen Abständen immer wieder am Straßenrand auftauchen, werden zunehmend sympathisch. Anfangs zieht mich nur der heiße Kaffee an, der dort für einen Euro pro Becher zu haben ist, manchmal sogar zum Kampfpreis von fünfzig Cent, oder gar für fünfzig Cent zusammen mit einem Munkki, einem ringförmigen Krapfen in amerikanischem Stil: Donut.

Einmal erstehe ich auch richtig nützliche Souvenirs: ein mollig warmes Stirnband und gefütterte Hausschuhe. Die habe ich mir an den letzten Abenden gewünscht, als ich mit kalten, nassen Füßen in meiner jeweiligen Unterkunft angekommen bin.

Manchmal komme ich mir vor, als ob ich schon sehr, sehr lange unterwegs wäre, monatelang. Grund dafür ist nicht nur das herbstliche Wetter, sondern vor allem die trübe Erinnerung an die Hinfahrt

Westliches Finnland

nach Norden in Richtung Lappland. Hatte ich da wirklich immerzu sommerliche Temperaturen und bin mindestens zweimal am Tag baden gegangen? Jetzt komme ich gar nicht mehr auf die Idee, ein Bad in einem See zu nehmen. Grund dafür ist nicht, dass ich kaum noch an Seen vorbeikomme, - ich fahre ständig einen Fluss entlang, der genügend Bademöglichkeiten böte - sondern, dass es mir dafür einfach zu kalt ist. Oft bläst ein mehr oder weniger kühler Wind, und immer wieder regnet es. Meine Regenhose ziehe ich kaum noch aus, und oft lasse ich auch die Regenjacke an. Damit ich nicht den ganzen Tag über im eigenen Saft gesotten werde, krempel ich die Hosenbeine und Ärmel meiner Regensachen hoch, sobald es trocken ist. Bald bekomme ich Routine, wenn es gilt, den Regenschutz herunterzulassen. Feucht oder sogar nass bin ich die meiste Zeit über, mal vom Schwitzen, mal vom Wasser der Schauer, das immer wieder einen Weg durch die Regensachen findet.

Ich kenne inzwischen verschiedene Tücken meines Liegerades bei starkem Regen. Da der Lenker auf Schulterhöhe oder sogar höher ist, läuft das Wasser früher oder später in die Ärmel, unterstützt vom Fahrtwind. Grundsätzlich das Gleiche gilt für die Beine. Deren Enden bekomme ich aber mit Hilfe meiner Neoprengamaschen ziemlich dicht. Zudem bleiben damit die Füße warm, wofür ich inzwischen auch Schweißfüße in Kauf nehme. Andere Stellen, von denen ich überhaupt nicht gewohnt bin, dass hier Wasser in größeren Mengen eindringen kann, sind der vordere Hals, der beim Rennrad praktisch durch den Kopf geschützt ist, auf dem Liegerad aber als Regenrinne dient, für das Wasser, das durch den Fahrtwind von der Brust weg nach oben geschoben wird, und die Wassersammelstelle schlechthin, der Bauch. Hier bildet sich ein richtiger See, wenn ich ohne Bauchtasche fahre. Wenn ich die aber bei Regen umschnalle, müsste ich den Inhalt in eine Plastiktüte verpacken. In der Praxis sind da aber vorwiegend Sachen drin, die ich immer griffbereit haben möchte, und ich denke bei jedem Schauer, dass der schon nicht so lange dauern wird, und wenn es doch länger regnet, ist es zu spät, und der Inhalt nass. Ein ordentlicher Bierbauch wäre auch eine Lö-

Mehr Regen und längere Nächte

sung, aber dafür bin ich, abgesehen von den skandinavischen Bierpreisen, zu spät dran auf dieser Tour.

Um zehn Uhr, also am frühen Abend werde ich bei mäßigem Regen von der Dunkelheit überrascht. Offensichtlich bin ich in einer touristisch erschlossenen Region, vermutlich für Naturliebhaber und Angelfreunde, da ich schon seit einiger Zeit immer wieder Campingplätze sehe, die mit Angelfreuden werben. Dass man hier jederzeit eine Unterkunft finden kann, ist auch ein Grund, warum ich wieder einmal den Abend bis zur Dämmerung ausreize. Ein anderer ist, dass mir davor graut, anzuhalten und die nasse, kalte Regenbrühe über meinen Oberkörper und in meine Hosenbeine und Gamaschen laufen zu lassen. Da ich mit den Beinen voraus auf dem Rad liege, habe ich meine Sachen natürlich so geschlichtet, dass die Gamaschen über den Hosenbeinen sind, und die Hose über dem Anorak. Aus Erfahrung nehme ich an, dass sich oben im Anorak um meinen Hals herum Wasser gesammelt hat. Das wird auf der Haut meines Oberkörpers hinunter rinnen, sobald ich aufstehe.

Irgendwann in der späten Abenddämmerung halte ich doch an. Der Campingplatz, den ich erwischt habe, vermietet nur Hütten und ist fest in russischer Hand, sowohl was die Pächter betrifft, als auch die Gäste. Offensichtlich regnet es hier schon länger. Die Wiese zwischen den Gebäuden steht richtig unter Wasser. Wenn es noch hell wäre, würde ich vielleicht Fische zwischen den Grashalmen herum huschen sehen. Vorsorglich sind alle Gebäude über einen Bretterweg erreichbar, so dass man sich über das Gelände bewegen kann, ohne den durchnässten Grasboden betreten zu müssen, in dem man knöcheltief einsinken würde.

In der großen Gemeinschaftshütte gibt es über verschiedene Eingänge Sauna und Dusch-und Waschraum sowie eine gut bestückte geräumige Küche. Letztere wird gerade von einer größeren russischsprachigen Gruppe zu einem Festessen genutzt. Momentan wird ein größerer Fisch dampfend und duftend serviert, vielleicht ein frisch im nahen Fluss gefangener Lachs.

Westliches Finnland

Ich wringe die nassesten Sachen aus und verteile sie in meiner relativ geräumigen Hütte. Ich bin sehr froh, die warmen Hausschuhe anziehen zu können. Meine Wollsocken lasse ich nachher über Nacht an den Füßen trocknen, damit sie morgen, wenn die Füße wieder dem herbstlichen Fahrtwind ausgesetzt sind, wieder ihre wärmende Wirkung haben.

Am nächsten Morgen versuche ich wieder einmal verzweifelt, die Vorspannung der Federung festzuziehen, was wegen der vor Kälte klammen Finger mehr schmerzhaft als erfolgreich ist.

Irgendwo komme ich an einem großen, stark riechenden Gelände vorbei, das von Huskies bevölkert ist. Die Tiere genießen offensichtlich die Sonne, die vor einer Stunde herausgekommen ist. Einige liegen entspannt auf dem Dach einer der vielen Hundehütten, wie Snoopy aus den Peanuts-Comics. Mir fällt das Hundebildchen ein, das an meine neuen Hausschuhe gebunden war, und habe ein komisches Gefühl dabei. Wärme ich meine Füße mit ausgedienten oder unbrauchbaren Schlittenhunden? Fahre ich gerade an einer Pelztierfarm vorbei? Ich bin überhaupt nicht über Lappland und die dortigen Gepflogenheiten informiert.

Tagelang fahre ich den Grenzfluss zu Schweden entlang, sehe öfters in hundert Meter Entfernung oder näher die Grenzhäuschen zu Schweden. Wieso bin ich nicht schnell mal rübergefahren?

Genau weiß ich das auch nicht. Das wäre noch ein mit dem Rad erreichtes Land in meiner Sammlung gewesen. Vielleicht bin ich kein Sammler. Das Nordkap war der erste bekannte markante anvisierte Punkt, den ich erreicht habe. Dabei war das nicht meine längste oder weiteste Radreise. Ich kann auch, ohne psychische Probleme zu bekommen, unter einem Berggipfel vorbeigehen, der schnell und leicht erreichbar wäre.

Im Jahr zuvor hatte ich eine ähnliche Reise unternommen, zu Fuß vom bayrischen Alpenvorland zum Monte Pelmo mitten in den Dolomiten. Die knapp zwei Wochen Anmarsch durch die Berge waren ideal zum Warmlaufen. Ich war körperlich wirklich fit. Auf der Hütte

Mehr Regen und längere Nächte

unterhalb des Einstiegs in diesen markanten erhabenen Berg hatte ich eine Gruppe junger Italiener getroffen, die das gleiche Ziel hatten und netterweise einverstanden waren, mich mitzunehmen. Im Morgengrauen waren wir nach einer guten Tasse Kaffee bei strahlend blauem Himmel aufgebrochen. Einer der Italiener kannte den Berg schon. Beste Bedingungen hatten wir also.

Im Jahr zuvor hatte ich bei einer anderen Alpenquerung bei ebenso schönem Wetter von einem Nachbarmassiv aus diesen majestätisch hervorragenden Turm bewundert und weit oben auf meine Wunschliste besuchenswerter Reiseziele gesetzt. Machbar musste er für mich auch sein: Zwar weit, mindestens acht Stunden hin und zurück, auf einer neunhundert Meter weiten Strecke quer durch die Wand sehr ausgesetzt und völlig ohne Sicherungsmöglichkeit, aber ohne technische Schwierigkeiten. Schnee und Eis hatte es oben auch kaum, so dass man keine Eisen brauchte.

Unterwegs, als wir schon in das berüchtigte Ball-Band eingestiegen waren, wurden ein paar Bilder und Worte aus den letzten Tagen immer deutlicher: „Der Pelmo ist immer einer der ersten, der eine Wolke fängt." Kinderzeichnungen auf Tourismusplakaten hatten den markanten Monte Pelmo gerne mit einer dicken Wolke, Blitz und Regen gemalt, in einer sonnigen Umgebung. Heute war der Antelao, das Haupt der gegenüber liegenden Berggruppe, früher dran, und das schon um halb acht. Bei Regen in zweihundert Meter Höhe auf einem ausgesetzten Sims mitten in der Wand zu spazieren, stelle ich mir nervlich sehr unangenehm vor.

Jedenfalls hatte ich den Jungs gesagt, dass ich umdrehe, habe mir nochmals in aller Ruhe die grandiose Landschaft angeschaut, und meine Tour bis zum Südrand der Dolomiten fortgesetzt, auf Wegen, gegen die das Ball-Band vermutlich harmlos gewesen wäre. An dem Tag hat es übrigens tatsächlich ein wenig geregnet, aber nicht am Pelmo, zu dem ich immer wieder umgeschaut hatte. Wenige Tage später, auf den letzten beiden Etappen, haben die Schuhe sogar meine Zehen freigegeben. Ich war nicht am Monte Pelmo, bin aber bis zum südlichen Alpenrand gekommen, weiter, als ich vorgehabt hatte.

Das Gelände ist leicht wellig, und ich habe den Eindruck, dass ich ständig Gegenwind habe oder bergauf fahre. Obwohl mein rechter Fuß keinerlei Schwierigkeiten mehr macht, schaffe ich nicht mehr als achtzehn Kilometer in der Stunde. Vielleicht bin ich trotz der vielen tausend Trainings- und Tourenkilometer mit meiner Maschine noch nicht richtig eingefahren.

Irgendwann kommen die ersten Ortschaften seit Alta, in denen so richtig dutzende von Häusern nahe beieinander stehen.

Bald werde ich die Ostseeküste erreichen, wohl in der finnisch-schwedischen Doppelstadt Happaranda-Tornio. Hier werde ich hoffentlich irgendein Schiff finden, das mich ein gutes Stück nach Süden bringt.

In Fahrt an der Ostseeküste

Durch inzwischen ungewohnt dicht bebaute Straßen fahre ich auf die Ortsmitte von Tornio zu, und auf die Ostsee. Gleich als erstes frage ich Einheimische nach einem Hafen. Die geben an, dass ihnen in dieser Stadt kein Hafen mit Linienverkehr bekannt sei. Der sei sei seit etlichen Jahren stark eingeschränkt. Wenn, dann solle ich es in Kemi versuchen. Diese Stadt kann ich heute noch erreichen. Zwar hätte ich mir die Zwillingsstädte gerne angeschaut, aber andererseits habe ich nicht mehr allzu viel Zeit, um nach Deutschland zu kommen.

Die Strecke parallel zur Ostseeküste ist relativ dicht bebaut, hier vorwiegend mit Industrie. Unterkünfte scheinen aber eher selten zu sein. Also versuche ich im nächsten Hauptort mein Glück, in Kemi.

Auch dort finde ich gerade mal ein Hotel. Da ich ja hier eine Schiffsverbindung suchen will, und dieses Hotel nahe am Hafen liegt, leiste

In Fahrt an der Ostseeküste

ich mir die relativ teure Unterkunft. Wenigstens werde ich hier meine Sachen trocknen können, und wenn ich wo an Auskünfte über Schiffsfahrpläne komme, dann hier.

Was ich hier bekomme, sind eine teure aber komfortable Unterkunft und ein Essen im Restaurant. In der nördlichen Ostsee gibt es seit Jahren keinen Linienverkehr für Passagierschiffe mehr. Erst ab Turku müsste man auf dem Seeweg weiterkommen können. Das wären noch ein paar hundert Kilometer. Ich beschließe, vorerst mit dem Rad weiterzufahren, so lange das Wetter erträglich ist.

In Kemi bläst am Morgen ein äußerst kräftiger Wind, der auch ein Liegerad beeindrucken könnte. Ich weiß, wie kräftezehrend Fahren im Sturm ist, und warte, bis er nachlässt. Sobald es ruhiger wird, visiere ich den nächsten größeren Ort an: Oulu.

Der Weg verläuft wenig spektakulär bei trockenem Herbstwetter. Ich freue mich, dass mir noch ein paar Stunden zum Radeln vergönnt sind, dass ich noch eine andere Region erfahren kann.

Oulu zieht sich über etliche Kilometer am Meer entlang hin. Ich fahre an kleineren und größeren Gärten mit vorwiegend rotbraun gestrichenen Holzhäuschen vorbei. Eine Weile lang sehe ich größere dunkle Steinhäuser und zwei hohe Kirchtürme. Dort wird ein Zentrum sein. Vermutlich ist es sinnvoll, hier eine Übernachtungsmöglichkeit zu suchen. Es wird zwar noch lange nicht dunkel, aber zur nächsten größeren Ortschaft, Raahe, sind noch siebzig Kilometer zu fahren. Dort würde ich erst in der Nacht ankommen. Ich beschließe, die Zeit zu nutzen, um erst die Umgebung von Oulu zu erkunden, und dann den optimalen Schlafplatz für heute zu finden.

Ziemlich am südlichen Ende von Oulu treffe ich auf zwei hoch aufgepackte Radfahrer. Die beiden Finnen wollen heute noch Raahe erreichen. Da sie auch nicht schneller unterwegs sind als ich, und es momentan ganz gut läuft, beschließe ich, die golden herbstlichen Abendstunden ebenfalls zu einem Zwischenspurt nach Raahe zu nutzen. Wer weiß, ob es morgen wieder so sonnig und wenig windig sein wird. Ich hatte mich ja auch am Vormittag wegen des

Westliches Finnland

starken Windes nicht auf die Straße getraut, und mit ein paar Regengüssen mehr wäre die Etappe richtig unangenehm geworden.

Ich steige ordentlich in die Pedale, bis ich die beiden wieder erreicht habe. Einer davon hat sein voluminöses Gepäck kunstvoll in Plastiktüten verteilt auf seinen Gepäckträger getürmt. Man glaubt es nicht und will auf keinen Fall direkt hinter ihm fahren, aber es hält. Für die paar Tage lohnt es sich für ihn nicht, teure Packtaschen anzuschaffen.

Da ich einen Hungerast vermeiden will, lege ich eine kurze Essenspause ein und lasse die beiden fahren. Windschatten ist zwar eine praktische Sache und spart viel Kraft, aber mit Unterzucker wäre auch das eine Schinderei, sofern ich es überhaupt durchhalten würde. Frisch gestärkt kann ich vielleicht sogar Zeit gut machen, weil ich auf gerader Strecke etwas schneller bin.

Die Entscheidung, das Stück nach Raahe anzupacken, bereue ich keinen Augenblick. Oulu wäre sicher interessant gewesen, aber jetzt habe ich eine Zeit mit wenig Autoverkehr erwischt, wunderschönes Wetter und wenig Wind. Wer weiß, wie es morgen wäre.

So brettere ich zügig auf einer breiten Straße zwischen Feldern und Wäldern hindurch nach Süden, ein gutes Stück entfernt von der Ostsee. So viele Äcker habe ich seit Litauen nicht mehr gesehen. Wenn die Straße öfter durch eine Ortschaft oder einen Weiler führen würde, oder wenigstens in der Ferne Dörfer und Kirchtürme sichtbar wären, könnte man meinen, man wäre südlich der Ostsee.

Hier gibt es aber keine wirkliche Ablenkung bis Raahe. Das Städtchen mit einem alten Kern und einem Neubaugürtel und Industrie drum herum erreiche ich mitten in der Abenddämmerung. Ich folge immer den grünen Schildern mit dem kleinen i, und finde sogleich einen modernen Hauptplatz. Dort erblicke ich sofort eine Tafel mit Stadtplan. Da daneben eine Liste mit den Gaststätten und touristischen Einrichtungen des Ortes hängt, kann ich gleich eine Vorauswahl an möglichen Unterkünften treffen.

In Fahrt an der Ostseeküste

Wegen der späten Uhrzeit, und da ich inzwischen bemerkt habe, wie rar in Finnland Speiselokale sind, halte ich es für günstig, wieder Übernachtung und Essensmöglichkeit an einem Ort zu haben. Gasthaus Raahe hört sich in dieser Hinsicht gut an, und ist außerdem recht nahe. Falls ich dort nichts finde, kann ich immer noch hierher zurückkommen und einen neuen Schlachtplan entwerfen. Ich fahre die zwei Straßen in die Altstadt hinunter, wo ich ein beleuchtetes Schild und ein Gasthaus mit erleuchteten Fenstern erwarte. Außer der Straßenbeleuchtung und den Scheinwerfern eines entgegenkommenden Autos und meines Fahrrads sehe ich aber erst einmal in der ganzen Straße kein Licht.

Als ich systematisch nach der passenden Hausnummer suche, finde ich tatsächlich ein altehrwürdiges Gebäude mit der passenden Nummer, das sich allerdings bis auf die Aufschrift "Gasthaus Raahe" nicht von den umliegenden Wohnhäusern unterscheidet. Vor allem sind die Fenster dunkel, und ich sehe auch keinen Eingang, der auf eine Gastwirtschaft hindeutet. Ich habe den Eindruck, dass hier vor vielen Jahren ein Gasthaus war, aber nur die Aufschrift an der Fassade, das Gebäude und der Eintrag im örtlichen Verzeichnis der Gaststätten bis heute überdauert haben.

Ich stelle mein Rad ab, nehme einen tüchtigen Schluck Wasser und überlege. Kann es wirklich sein, dass auf dem nagelneuen Ausdruck am modernen Hauptplatz eine völlig veraltete Adresse mitgezogen wurde? Für eine Sehenswürdigkeit, die wegen des Namens in die falsche Spalte gerutscht ist, gibt der Bau zu wenig her.

Inzwischen bin ich nicht mehr allein auf der Straße. Eine jüngere Frau mit langen dunkelbrünetten Haaren kehrt den Gehweg. Sicher ist das eine Nachbarin des ehemaligen Gasthauses, und auf jeden Fall kennt sie sich aus, und ganz bestimmt kann sie Englisch und weiß, wo im Ort welche Herbergen empfehlenswert sind.

Ich spreche sie an, und erfahre, dass sie die Wirtin des Gasthaus Raahe ist, und ich hier übernachten kann, wenn ich mit sehr einfachen

Westliches Finnland

Verhältnissen einverstanden bin. Ich bin einverstanden und neugierig, was die einfachen Verhältnisse sind.

Mein Rad kann ich im Hof hinter dem Haus abstellen. Hier brauchst du nicht abzusperren. Die Wirtin erzählt, dass sie gerade vom Walken kommt. Nein, nicht mit Stöcken. Das machen hier auch einige, aber sie fände es für sich zu komisch. Ich erzähle ihr, dass gehen mit Stöcken bei uns Nordic Walking heißt.

Die Herberge ist erst im Aufbau. Duschen kann sie leider momentan keine anbieten. Sie war nicht ganz auf Gäste vorbereitet. Und jetzt hat sie heute schon zwei.

Die Frau hat noch einiges mit dem Betrieb vor, aber da müssen sie, das Gebäude und der Betrieb erst hineinwachsen. Das Unternehmen soll noch erweitert werden. Im Laufe des Winters will die Wirtin im Kellergeschoß, vor dem ich sie vorhin beim Kehren angetroffen habe, eine Kneipe einrichten. Nächstes Jahr kannst du dir dort am Abend noch ein Bier genehmigen.

Der andere Gast ist ein junger kräftiger Finne, der gekleidet ist, als wäre er auf Geschäftsreise, und im Aufenthaltsraum vor dem Fernseher sitzt.

Treppenhaus, Toiletten und der Flur mit den Gästezimmern sind mehr oder weniger um diesen Raum herum angeordnet, so dass jeder Gast früher oder später hier durch muss. Die Einrichtung der Zimmer ist einfach und teilweise uralt. Ich fühle mich wie vor dreißig Jahren bei den Großeltern auf dem Bauernhof, und irgendwie wohl, und wie in Litauen in eine andere Zeit versetzt.

Im Fernsehen läuft gerade Sport. Zurzeit sind olympische Sommerspiele. Der andere Gast erklärt, dass heute ein Finne eine Silbermedaille gewonnen hat, im Tontaubenschießen. Diese Nachricht, Bilder vom Wettbewerb und Interviews mit dem Ruhe ausstrahlenden jungen Silbermedaillengewinner bestreiten jetzt den Hauptteil des Programms. Das kleine Volk am nordöstlichen Rand Westeuropas ist nicht so sehr von Medaillen verwöhnt, nicht bei Sommerspielen.

Natürlich, Schießen passt zum Klischee. Jagd in karger Umgebung, wo außer ein paar Beeren nichts nahrhaftes wächst, wo eine ruhige Hand zum richtigen Zeitpunkt das Essen für die nächsten Tage sichert.

Ich bin in der Früh nicht da, aber du kannst dir gerne Tee machen. Wasser funktioniert inzwischen. Fühl dich wie zuhause.

Auf dem Weg zur Etagentoilette sehe ich, dass es sogar eine Dusche gibt. Die ist allerdings nicht benutzbar, weil hier momentan die Wäsche zum Trocknen hängt.

Sieben Brücken mit steigender Tendenz und ein Kurswechsel

Das Angebot an Straßen wird nach Süden hin zusehends größer. Natürlich entscheide ich mich im Zweifelsfall für die Strecke, die laut Karte näher am Meer verläuft. 7 Broer, vielleicht sieben Brüder? Egal, hier ist eine Strecke direkt am Meer eingezeichnet, teilweise über Brücken, die Meeresbuchten überspannen. Ich stelle mir eine Strecke vor, wie ich sie vorletzte Woche immer wieder hatte, direkt am Wasser oder auf langen Brücken und Dämmen mitten über das Wasser.

Auf jeden Fall habe ich viel Grün, auch so etwas wie Brücken. Nur das Wasser darunter fehlt. Vielleicht bin ich auf eine Strecke zwischen dem Uferweg und der uferfernen Hauptstraße geraten.

Als ich in einer Ortschaft an einer Kreuzung auf das grüne Ampellicht warte, komme ich mit einem Einheimischen ins Gespräch. Der erklärt mir, dass die Straße "Sieben Brücken" heißt, und warum ich vorhin so wenig Wasser gesehen habe: Das Land hebt sich pro Jahr um zwei Zentimeter, so dass sich die Küste immer weiter entfernt. Früher ist meine Strecke tatsächlich direkt am Meer und über Meeresbuchten verlaufen.

Westliches Finnland

Er zeigt auf eine Kirche, die gut hundert Meter entfernt liegt. Die Alten erzählen, dass man früher direkt vor der Kirche mit dem Boot anlegen konnte. Ich sehe weit und breit kein Wasser. Zwei Zentimeter pro Jahr gibt in fünfzig Jahren einen Meter. Da kann man wirklich zuschauen.

Ich denke an schmelzende Gletscher und den steigenden Meeresspiegel. Davor muss sich Finnland nicht fürchten.

Das Meer ist wohl kein Problem. Dafür kommt das Wasser aus einer anderen Richtung immer gemeiner: von oben. In einem Dorf in der Nähe soll vor zwei Wochen nach einem Wolkenbruch das Wasser fünf Meter hoch gestanden haben. Hier im Flachland? Sind da Berge? Kaum zu erkennende Hügel soll es da geben. Und da soll auf einmal fünf Meter hoch Wasser sein? Von einem Regenguss? Ja, so was kommt vor.

Ich denke an den Schauer in Litauen. Da ist ein paar Zentimeter hoch Wasser gestanden, und das kam mir viel vor. Von Tallinn hatte ich etwas mit zwei Metern aufgeschnappt. Da habe ich mir eine Sturmflut vorgestellt, Wasser vom Meer her. Gemeint war wohl auch Regen als Ursache, als Quelle. Aber haushoch Wasser in der Ortschaft, nur weil es stark geregnet hat, und der Abfluss eine Weile braucht? Ich beruhige mich damit, dass ich schwimmen kann, und lerne einmal mehr das Glück zu schätzen, das ich bisher mit dem Wetter hatte. In Skandinavien sollte man wirklich jede regenfreie Minute genießen und ausnutzen.

Am Ende der 7-Brücken-Straße beschließe ich, die Küstenstraße zu verlassen, die jetzt vorerst immer weiter nach Westen führen würde, und auf Helsinki zusteuern, das mehr in Richtung Südosten liegt. Nachdem ich in den letzten Tagen jeweils sehr weit vorangekommen bin, werde ich nicht mehr allzu weit mit der Eisenbahn fahren müssen, aber in den nächsten Tagen werde ich einen Hafen mit einer Fährverbindung nach Deutschland erreichen müssen. Da wird Helsinki die beste Adresse sein.

Sieben Brücken mit steigender Tendenz und ein Kurswechsel

Gegen Abend erreiche ich Seinajoki. Vielleicht wird das mein letzter Campingplatz mit See. Heute bekomme ich am Kiosk sogar noch ein mittelstarkes Bier. Sogar wählen kann ich: Bär oder Lapin Kulta. Ich vergleiche. Das Lapin Kulta schmeckt mir deutlich besser.

Am Morgen liegt dichter Herbstnebel über dem kleinen See. Trotzdem würde ich gerne noch eine Woche hier bleiben. Da könnte ich zum Beispiel einen Bericht über diese Reise aufschreiben. Als ich auf der Veranda meiner Hütte die Lufttemperatur prüfe und die frische skandinavische Herbstmorgenluft einatme, bemerke ich, dass das auf den ersten Blick verwilderte Gebüsch neben meiner geräumigen Hütte aus Johannisbeersträuchern besteht. Ende August ist das normalerweise keine spannende Entdeckung, aber die hier sind gerade reif!

Bis zuletzt entdecke ich neue Sachen, wie Dorfbäckereien. Die sind meistens recht gut versteckt. Man sieht bisweilen dezente Hinweisschilder an Straßeneinmündungen, die, wenn man die Sprache versteht, zu einer Bäckerei oder einem Imbiss führen dürften. Ich habe die erst in der letzten Woche entdeckt, also im Westen des Landes. Das kann an meinen Sprachkenntnissen liegen, oder daran, dass der Osten viel dünner besiedelt und noch spärlicher mit Geschäften ausgestattet ist. Zu Pihvis, wörtlich übersetzt Bufet, die in meinem Sprachführer als übliche Alternative auf dem Land zu Restaurants erwähnt werden, bin ich nie zur rechten Zeit am passenden Ort. Bei den Entfernungen müsste das auch ein großer Zufall sein - oder ich müsste mal ein paar Stunden warten.

Vor einer Feriensiedlung komme ich mit einem deutschen Busfahrer ins Gespräch, der seit Jahren Urlauber von Deutschland nach Finnland kutschiert, und der über die Fährverbindungen zwischen diesen Ländern bestens informiert zu sein scheint. Nach Deutschland fährst du am besten von Hangö. Da geht jeden Tag was, zumindest um zehn Uhr abends.

Ich schaue auf die Karte und sehe, dass ich noch fast auf dem richtigen Weg bin. Hangö liegt ganz im Südwesten des Landes, am Ende

Westliches Finnland

eines Landvorsprungs, der sich nach Mitteleuropa hin in die Ostsee reckt. Um die Straße dorthin zu erreichen, muss ich um eine große Bucht herum, vorerst ziemlich genau nach Süden. Wenn ich so zügig weiterfahre wie in den letzten Tagen, werde ich gerade noch so zeitig in dem Hafenstädtchen sein, dass ich die Überfahrt nach Deutschland und die Zugfahrt nach München rechtzeitig schaffen kann. Ich präge mir die weitere Streckenführung für den korrekten Kurs ein und gebe Gas.

Die Etappen ähneln sich seit Tagen insofern, als dass mir morgens erst einmal das stürmische oder regnerische Wetter die Motivation nimmt, früh aufzubrechen, und ich am Ende doch fast zweihundert Kilometer pro Tag schaffe. Insgesamt ist das Wetter nämlich gar nicht so schrecklich, die Sonne überwiegt den Regen.

Kein Festnetz, Windmühlen, Semmeln und Wolkenbruch

Jetzt durchquere ich das Land der Windmühlen: Hier kommen die kleinen Windmühlen her, die im Nordosten in jedem Garten stehen, den ich erblicken konnte.

Nebenbei habe ich mir zur Aufgabe gemacht, einen Telefonanruf nach Deutschland abzusetzen. Wenn man dafür eine Telefonzelle benutzen will, ist das im Mutterland der Handys eine echte Herausforderung. Ich schaffe es nicht, auch nicht, nachdem ich verzweifelt eine zweite Telefonkarte gekauft habe, und einen Einheimischen um eine zweite Meinung zur korrekten Benutzung gebeten habe. Ich denke an Marokko zurück, wo sich vor sechzehn Jahren ein Postbeamter vergeblich zwei Tage lang um eine Verbindung nach Deutschland bemüht hat. So viel Zeit kann ich gar nicht erübrigen - will ich auch nicht. Außerdem hatte ich damals in Marokko zwei Wochen später auch eine Telefonzelle probiert - und beim vierten Versuch Erfolg. Hier reichen zehn Versuche nicht aus.

Kein Festnetz, Windmühlen, Semmeln und Wolkenbruch

Zum Telefonieren scheinen die Glaskabinen nicht zu taugen, aber trocken wären sie. Trotzdem fahre ich weiter, solange der Regen halbwegs erträglich ist. Ich pedaliere weiter durch das immer noch spärlich besiedelte Land, kaufe gelegentlich etwas zu Essen, ziehe manchmal Regenkleidung an oder aus, und strample weiter.

Mehr und mehr bemerke ich, dass die Bremsen kaum noch Wirkung haben. Im Flachen auf der Landstraße gibt es nicht viel zu bremsen, aber...

Ich finde wieder eine Telefonzelle. Die schaut gar nicht schlecht aus, aber schon beim Betreten schwankt sie ganz deutlich. Der Betonsockel hat wohl seinen Kontakt zum Untergrund teilweise verloren. Ich muss an das extreme Klima denken, das hier herrschen soll. Für Permafrost müsste ich aber bereits zu weit südlich sein. Jedenfalls funktioniert meine Karte hier auch nicht, keine von beiden. Es liegt also wohl doch nicht an der Karte.

Als der Regen immer heftiger wird, stelle ich mich in einem Buswartehäuschen unter. Die sind in dieser Region häufiger als im Norden. Mit klammen Fingern packe ich mein Essen aus. Der Regen prasselt inzwischen schräg in meine Richtung. Ich hatte wirklich sehr viel Glück mit dem Wetter.

Als ich wieder die Küste erreiche, an der Abzweigung zur Küstenstraße, sehe ich eine Tankstelle, wie an so vielen Kreuzungen in diesem Land, und denke an meinen leeren Magen nach der langen Etappe, und an meine geschwundenen Vorräte und daran, dass es schon wieder recht spät für einen Restaurantbesuch in einer sehr dünn besiedelten Region ist.

Tatsächlich gibt es drinnen Lebensmittel. Ich finde auch eine Art Knäckebrot. Die Pächterin bietet mir an, dass ich auch normale Brötchen haben könne, die, welche sie normalerweise belegt und als Sandwich verkauft. Ich nehme das Angebot dankbar an und bin so gut wie gerührt von dieser hilfsbereiten Geste.

Seit ich wieder auf der Küstenstraße bin, rattern immer mehr leere Autotransporter an mir vorbei. Holen die Nachschub am Hafen?

Westliches Finnland

Später erfahre ich, dass auf diesem Weg vor allem ein in dieser Hinsicht schier unersättlicher Nachbar mit vorwiegend teuren und noch teureren Fahrzeugen versorgt wird: Russland.

Heute hatte ich bisher Glück mit dem Wetter. Weit vor mir im Westen, etwa ab Hangö, schaut der Himmel auch blau aus. Nur die beiden tiefschwarzen Streifen am Himmel vor mir zwischen hier und Hangö, auf deren Schatten ich gerade flott zufahre, lassen mich daran zweifeln, dass ich trocken in den Abend kommen werde. Ansonsten gefällt mir die Fahrt recht gut. Die Strecke ist flach, der Gegenwind kaum spürbar, links sehe ich die Straße und mal das Meer, meistens einen vorgelagerten Hügel, und rechts in unterschiedlicher Entfernung meistens eine imposant hohe Felswand.

Als ich einmal fast direkt unter dieser Wand fahre, geht der vorhersehbare Regenschauer los. Innerhalb von Sekunden bin ich tropfnass. Ich fahre weiter, da es sowieso keine Möglichkeit zum Unterstellen gibt, und ich so wenigstens meinen Sitz einigermaßen trocken halte. Da ich gerade einen Rad- oder Fußweg benutzen kann, ist es nicht gar so gefährlich. Außerdem sehe ich ja blauen Himmel vor mir. Ich muss nur das Regenband durchqueren, falls die momentane Situation anhält. Nach einigen Kilometern ist der Schauer tatsächlich vorbei, und ich bin so nass wie womöglich noch nie vorher auf dieser Reise.

Ich habe den Eindruck, dass die Transporter mich immer schneller überholen, als ob sie einen Termin einhalten müssten, zum Beispiel eine frisch eintreffende Fähre. Mir wird bewusst, dass ich technisch die Möglichkeit habe, heute Abend noch vor Abfahrt der Fähre Hangö zu erreichen, wenn ich mein Tempo halte. Ohne Fahrkarte würde mir das zwar nichts nützen, außer man könnte an Bord eine lösen. Aber erstens halte ich das für unwahrscheinlich, und zweitens würde ich dann wieder einmal rein gar nichts von der Ortschaft sehen und das Land wie auf der Flucht verlassen, wie damals in Marokko, als ich beim Erwerb der Karte für die Fähre nicht an die Stunde Zeitverschiebung gedacht hatte. Und irgendwie fände ich das unwürdig für einen Abschied nach einem so langen Aufenthalt.

Spätsommer in Hanko

Völlig durchgeweicht und tropfnass erreiche ich ein Motel. Es ist erst halb zehn, und ich hätte nur noch wenige Minuten bis Hangö zu fahren. Da es mir aber für heute reicht, und ich vor Hafenstädten, genauer vor der kriminellen Energie, die diese üblicherweise anziehen und ausstrahlen, einen gewissen Respekt habe, beziehe ich gleich hier Quartier. Zehn Tage habe ich vom Nodkap bis hierher gebraucht. Morgen werde ich gut ausgeschlafen eine Verbindung nach Deutschland suchen. Nach über neunhundert Kilometern in fünf Tagen liegt auf einmal die Hafenstadt vor mir, ohne dass ich auf Eisenbahn- oder Busverbindungen geachtet hätte.

Bei strahlendem Sonnenschein und milden Temperaturen erreiche ich am nächsten Morgen ein malerisches Holzstädtchen am Meer, das von Felsen und exotisch anmutendem bunt gesprenkeltem Grün umgeben ist. Genau so habe ich mir meinen letzten Tag in Finnland gewünscht.

Kein Vergleich ist das hier mit dem quirligen Málaga, mit den Räuberhöhlen an der Côte d'Azur, wo ein Getränk in einem Straßencafé schon mal ein Tagesbudget verschlingen kann, mit den spanischen Enklaven an Marokko, wo man durch die Maschen hoher Zäune angestarrt wird. Hier ist es ruhig, keine Gefahr eines Kulturschocks nach Wochen in Lappland besteht. Ich kann in aller Ruhe eine Runde durch die Straßen drehen, mich nach Wochen wieder auf einem trockenen Stein sonnen. Genau deswegen war ich nicht so scharf darauf, sofort eine Fähre zu erreichen.

Erst morgen auf der Fähre werde ich lesen, dass Hangö, der südlichste Ort Finnlands und früher der einzige Winterhafen, von dem

Westliches Finnland

aus schon hunderttausende von Menschen in die ganze Welt ausgewandert sind, aus einem besonderen Grund eine ganz ungewöhnliche Vielfalt an Pflanzen hat. Früher hat man nämlich Schiffe, die zu wenig Fracht im Bauch hatten, um stabil im Wasser zu liegen, zusätzlich mit Ballast beladen, mit Sand. Am Ziel, wo wertvollere Ladung aufgenommen werden sollte, hat man den Sand weggekippt. So sind im Laufe der Jahrhunderte unzählige Samen aus aller Welt an diesem relativ milden Ort in Skandinavien gelandet. Den passenden Boden hatten sie ja gleich mit dabei, so dass etliche davon aufgegangen sind, und einige haben sogar die harten Winter überlebt, die hier nicht ganz so krass ausfallen wie im übrigen Land. Mir, der mit Mühe und Not die Wörter Fauna und Flora auseinanderhalten kann, hätte man genauso erzählen können, dass das, was hier wächst, das übliche Grünzeug für so eine Gegend ist. Ich freue mich über die Farben, das satte Grün am Boden und in den Wäldern mit den kleinen und größeren bunten Tupfern zwischendrin, die wärmende Sonne, den schwülen süßlichen Duft, den die Sonne nach einen Wolkenbruch im Wasserdampf nach oben zieht, und der mir im Gaumen ein Gefühl der Sicherheit gibt, dass genug Wasser vorhanden ist. Offensichtlich ist mir so was sehr wichtig. Wenn ich im Sommer unterwegs bin, und meine Wasservorräte zur Neige gehen, ertappe ich mich manchmal dabei, dass ich mit der Nase nach Wasser suche. Ich bilde mir dann ein, den Geruch zu kennen. Meistens finde ich eine Quelle, wenn ich durstig bin. In Finnland, wo der Boden fast überall aus Moor besteht, also von Wasser durchtränkt ist, hat das leider gar nicht funktioniert. Dafür hatte ich mich eine ganze Woche lang auf einen faulen Sonnentag am Abreisetag gefreut. Zwar bin ich zehn Kilometer vor dem Ziel noch einmal nass geworden bis auf die Haut, - vermutlich war das der heftigste Guss der ganzen Reise - aber dieser letzte Tag ist genau so, wie ich ihn mir gewünscht hatte, nur viel zu kurz, wie jeder Tag in den sechs Wochen. Für einen Urlaubstag reichen vierundzwanzig Stunden bei weitem nicht aus.

Eine gute Weile unterhalte ich mich mit einem jungen Mann, der dabei ist, ein Holzhaus zu streichen. Seine Arbeit ist es, für seinen Chef ein Haus nach dem anderen zu streichen. Die Zeit kann er sich einteilen, was bei dem wechselhaften skandinavischen Wetter auch nötig ist. Irgendwie ist es ein recht freier Job. Wichtig ist, dass das Haus am Ende ordentlich gestrichen ist.

Zweihundert Jahre alt sei das Objekt, das er gerade in Arbeit hat, und das sei nicht das älteste. Dabei sieht es aus wie neu. Das kommt von der Qualität, der durchdachten Konstruktion. Wenn man so ein Haus zu bauen versteht, behält es innen und außen seine trockenen Wände. Ein Gegenbeispiel ist eine Schule auf der gegenüber liegenden Straßenseite, ein Ziegelbau. Das Zeug ist vierzig Jahre alt und pfeift schon aus dem letzten Loch.

Natürlich braucht man bei so einer Arbeit noch einen Zusatzverdienst. Sein Zweitjob ist Haushälter. In den Ort ist er eher zufällig gekommen. Inzwischen scheint er einige Leute zu kennen. Immer wieder unterhält er sich mit Passanten. Einer davon ist sein Chef.

Zeitraffer

Spannend wird es, als es um die Fahrkarte für die Fähre geht: Alle Plätze für die Überfahrt um 22 Uhr sind schon reserviert, aber normalerweise treten einige Passagiere die Überfahrt nicht an. Schließlich lande ich so doch auf der Fähre und habe einundzwanzig Stunden Überfahrt vor mir. Da ich einen Platz in einer Kabine mitgebucht habe und nach reichlich Bewegung an der frischen Luft in letzter Zeit sehr müde bin, verschlafe ich die halbe Zeit davon.

Am Tag unterhalte ich mich mit einem jungen Segler, der mal in Deutschland, mal in Finnland wohnt, und von den Segeltörns durch die Inselwelt um Finnland herum schwärmt. An der Bar wird mir bewusst, wie ich auf meiner Radtour und hier, im nordeuropäischen Binnenmeer, zwischen den Kulturen unterwegs war und bin. Man

Westliches Finnland

kann zwischen Bier aus verschiedenen Ländern auswählen: Von der Sorte aus Deutschland weiß ich, dass es qualitativ in Ordnung ist, ich es aber heute Abend in Rostock für den halben Preis bekommen kann. Die finnische Sorte, die sich als durchaus auch genießbar herausgestellt hat, wird erstaunlicherweise auch nicht teurer angeboten. Meine Wahl fällt auf das tschechische Bier. Das kann mit dem deutschen gut mithalten, und kostet nur halb so viel wie die anderen. Damit bin ich wieder mitten in der ersten Woche meiner Tour.

Eine Rückreise im Zeitraffer ist das, wie ich sie von anderen langen Reisen her kenne. Hier könnte ich mich leicht hin und zurück durch die vergangenen sechs Wochen trinken. Schließlich ist erst Mittag, und ich habe noch Stunden Zeit. Der Uhrzeit wegen habe ich aber auch Hunger, und leiste mir statt etlicher Biere ein Essen. Außerdem werde ich im Hafen von Rostock noch lange kein Ziel erreicht haben.

Ich beschließe, nüchtern zu bleiben, lasse den Segler etwas enttäuscht an der Theke zurück, und mache mich auf das windige Achterdeck, wo ich sehen und spüren kann, wie wir auf dem kürzesten Weg von Finnland nach Deutschland die frühherbstliche Ostsee durchpflügen. Deren östliche Hälfte habe ich mehr oder weniger umrundet, erst in einem großen Bogen, mit einem Abschneider zwischen Tallinn und Helsinki, später nach dem Abstecher zum Nordkap von Happaranta / Tornio die finnische Küste entlang bis Hangkö. Jetzt hätte ich nur noch fünf bis sieben Radetappen bis München vor mir - aber nur einen Tag Zeit. Das wird knapp, auch mit noch schnelleren Verkehrsmitteln.

Immer wieder sehe ich backbord weit entfernt, kalt, verschwommen und dunkel eine Küste. Da war ich vor fünf Wochen, in gehörigem Abstand. Polen müsste das jetzt sein - oder schon Deutschland.

Deutschland mit dem Zug an einem Tag

Eine Nacht in Rostock

Am Ende viel zu schnell läuft das Schiff im Rostocker Hafen ein. Bis ich mein Tagesgepäck auf den immer noch nassen Packtaschen verstaut und das Rad losgebunden habe, ist die Luft im Autodeck schon kein Stoff mehr, den man freiwillig einatmen würde. Jeder Windhauch von der offenen Ladeklappe her tut richtig gut. Zum Glück muss ich nicht warten, bis alle Kraftfahrzeuge draußen sind, sondern werde als einer der ersten hinausgewunken. Diesmal geht die Ausfahrt zuerst relativ steil vielleicht zwei Meter hoch bergauf über genopptes Blech, und gleich anschließend mindestens genauso steil auf dem gleichen Untergrund wieder hinunter. Ein Einweiser deutet an, dass hier eine relativ enge Rechtskurve zu fahren ist. Da ich dem Blech nicht so recht eine ordentliche Haftung zu meinen Slicks zutraue, bremse ich vorsichtshalber. Die Bremsen quietschen anfangs ein wenig, bremsen mein Rad aber kein bisschen ab. Vielleicht sind die Beläge von den ausgiebigen Regenfahrten der letzten Tage recht verschmiert. Da hatte es viel Regen und sehr wenig zu bremsen gegeben. Die Erklärung nützt mir nichts, ich lasse die Bremshebel aus und konzentriere mich auf die Kurve, die sich dann doch überraschend problemlos fahren lässt. Den rasanten Schwung nehme ich mit durch das Hafengelände auf die Straße, die von einem ordentlichen Radweg begleitet wird.

Deutschland mit dem Zug an einem Tag

Einer meiner ersten Blicke in Rostock fällt auf ein mit Reet gedecktes Haus, das allein und mächtig in mitten einer von breiten hellgrauen Straßen gesäumten saftig grünen Wiese steht. Eine Woche mehr Zeit, und ich könnte die Tour in diesem Land bis München auslaufen lassen. Das Wetter dafür wäre ideal. Es ist zumindest momentan trocken und wesentlich wärmer als in den letzten zwei Wochen. Und die in Deutschland üblichen Regenschauer würde ich inzwischen vermutlich lächerlich finden.

Nur zwanzig Kilometer pro Tag mehr auf der bisherigen Tour, und ich hätte für die fünftausendsechshundert Kilometer keine vierzig Tage gebraucht, sondern jetzt noch fünf Tage Zeit für die restlichen achthundert Kilometer. Konditionell hätte ich den Unterschied nicht bemerkt, aber ich hatte schließlich Urlaub, und viel Wert auf ausgiebige Pausen und ausreichend Schlaf gelegt.

So habe ich jetzt noch eine Stunde zum Bahnhof zu fahren, und recht wenig Zeit übrig, um eine Zugverbindung nach München zu finden. Ich beschließe, diesen Abschluss zu genießen, und rolle gemütlich auf das Stadtzentrum zu, tanke noch einmal Abendsonne und leichte Ostseebrise vor einem langen Tag im Zug.

Nachdem ich mich am Fahrkartenautomaten informiert und festgestellt habe, dass es mehrere Fahrtmöglichkeiten nach München geben muss, gehe ich zur Information und frage nach der besten Möglichkeit, mit dem Fahrrad im Gepäck nach München zu reisen. Die Auskunft gibt mir den ersten Dämpfer: Der ICE nimmt keine Fahrräder mit. Damit fällt die schnellste Verbindung - nach Hamburg und von dort weiter nach München - aus. Die Variante hätte ich bevorzugt. Dann wäre ich heute Abend noch nach Hamburg gefahren, und hätte morgen, vielleicht nach einem Frühstück mit Astrid, nur noch eine ICE-Fahrt vor mir.

Eine weitere Möglichkeit wäre der Nachtzug von Rostock nach München, die Verbindung, mit der ich am frühesten in München wäre, und das ohne umzusteigen. Hier muss man aber für das Rad reservieren. Dafür ist es zwar bereits zu spät, ich soll aber den Schaffner

Eine Nacht in Rostock

fragen, ob es nicht doch ginge. Ansonsten gäbe es morgen früh eine Verbindung mit Regionalzügen und einem Intercity mit zweimal umsteigen. Da könne ich mit etwas Glück mit dem Rad nach München durchkommen. Die Frau an der Information legt sich richtig ins Zeug und arbeitet einen flexiblen Plan aus: Ich warte auf den Nachtzug, der in einer Stunde kommt, und frage den Schaffner, ob ich trotz fehlender Reservierung mitfahren darf. Falls das nicht funktioniert, kaufe ich ein Ticket für morgen für die Regionalzugverbindung. Für Plan B hat sie eine Liste mit Übernachtungsadressen verschiedener Preiskategorien in der Schublade.

Der Schaffner des Nachtzugs erklärt, das Fahrradabteil sei bereits überbucht und übervoll. Heute sei es geradezu dramatisch mit Fahrrädern. Mir bleibt nichts anderes übrig, als das zu glauben und zur Information zurückzukehren.

Die Dame dort vermittelt mir wie versprochen eine Unterkunft. Die ist mit einem kurzen Anruf reserviert und sogar ganz in der Nähe. Bevor ich dort Quartier beziehe, will ich schon die Fahrkarte für morgen kaufen.

Der Fahrkartenverkauf mit EC-Karte funktioniert anfangs so, wie ich es vom Kauf mit Geldkarte gewohnt bin, und zwar bis zum Ausdrucken der Daten für die Verbindung. Erst nachdem meine Zahlung mit EC-Karte und Geheimzahl laut Text akzeptiert worden ist und ich die Meldung "2 Belege werden gedruckt" erwarte, erscheint auf dem Bildschirm eine Meldung von einer abgebrochenen Transaktion wegen eines schwerwiegenden Fehlers. Toll, die Karte war nicht billig, Zahlung ist erfolgt, und ich kann nichts nachweisen, habe nichts in der Hand außer einem ausgedruckten Fahrplan. Ich frage einen Herrn mit DB-Logo auf der Jacke um Rat und notiere eine Telefonnummer, die am Automaten angegeben ist.

Als ich unverzüglich die Nummer anrufe, erklärt mir eine junge sachliche männliche Stimme genau, was ich tun kann, nämlich die Automatennummer und den Standort durchgeben. Der Mann hat zwar für die Nummer, die ich nach seiner Beschreibung herausfinde, einen

Deutschland mit dem Zug an einem Tag

anderen Standort gespeichert, aber er gibt mir eine Störungsnummer und eine Adresse, an die ich den Vorfall schriftlich melden soll.

Ich schreibe alles auf und eile zu meiner Unterkunft. Der Vermieter hat am Telefon gesagt, er habe am Abend etwas vor. Das Zimmer ist im Tiefparterre eines Häuschens mit Garten, zehn Gehminuten vom Bahnhof entfernt. Der Eingang ist separat im Garten, das Zimmer klein mit schöner Dusche und einem breiten Bett, das eine Nische ausfüllt. Da ich am nächsten Tag einen frühen Zug erwischen will und der Hausherr unterwegs zu einer Feier bis in die Morgenstunden ist, bekomme ich das Frühstück im Voraus, eine Thermoskanne mit Kaffee und einige belegte Brötchen auf einem großen Teller, alles mit einer durchsichtigen Folie überzogen. Ich zahle im Gegenzug meine vierzig Euro im Voraus, wünsche dem Mann viel Spaß beim Feiern und bereite mich durch Probieren von zwei Brötchen seelisch auf das Frühstück vor. Das kann morgen ein guter Start werden, wenn ich jetzt nicht alles aufesse.

Nachdem ich einige Sachen zum Trocknen aufgehängt und ausgebreitet habe, gehe ich zurück zum Bahnhof, um doch noch eine Fahrkarte für morgen zu kaufen und nach einer Karte zu suchen, die den Weg zum Ortszentrum weist, wo es zur inzwischen etwas vorgerückten Stunde noch etwas zu Essen geben könnte.

Jetzt funktioniert der Automat ohne Probleme, ich werde immer hungriger und bin eine von wenigen nicht betrunkenen Gestalten im Bahnhof. Die Straße zur Altstadt ist inzwischen schummrig beleuchtet und sehr ruhig. Die taghellen Nächte sind längst vergangen, liegen lange zwei Wochen zurück. Aber im Norden sehe ich Licht. Darauf gehe ich zu und finde wie erwartet die Altstadt und wie erhofft einzelne Gaststätten, die noch geöffnet haben. Ich entscheide mich für ein Restaurant am Rand der Altstadt, wo man in der lauen Spätsommernacht noch draußen sitzen kann, und das nicht innerhalb der nächsten halben Stunde schließen wird.

Das Essen und das Bier sind recht anständig und die Preise ungewohnt gewohnt, weit niedriger als in Skandinavien und viel höher als zum Beispiel in Westpolen und Lettland. Die historische Altstadt Tallinns war in puncto Essen kaum billiger, und der Bayrische Wald leicht günstiger und hochwertiger.

Erste und letzte Zugfahrt

Die Nacht schlafe ich tief und erholsam durch. In der Früh geht es gleich nach den restlichen Brötchen und etwas lauwarmem Tee zum Bahnhof. Der Zug ist schon recht voll, als er in Rostock eintrifft. Im Fahrradabteil sind die Räder mehr gestapelt als nebeneinander gestellt. Einige der Radler sind aber hilfsbereit darum bemüht, dass bei jedem Halt jedes Rad wie gewünscht und ohne Blessuren einen Weg aus dem Gepäckabteil heraus oder hinein findet. So bekommt auch mein langes, schwer beladenes Gefährt einen Platz.

Die letzte Etappe ist im Gange. Heute gilt es nur noch, an den Umsteigebahnhöfen mein Rad gut aus den Zügen hinaus- und hinein zu heben, keine Gepäckstücke zu vergessen oder zu verlieren, und die richtigen Züge zu nehmen - und natürlich trotz fehlender Reservierung hineinzukommen. Im überfüllten Abteil bedauere ich einmal mehr, dass ich nicht noch eine Woche Zeit habe, vor allem angesichts der abwechslungsreichen grünen Landschaft, die vor dem Fenster vorbeizieht.

Einer der Mitreisenden kommt aus der Lausitz und ist wie ich unterwegs nach München. Dort hilft er beim Hochziehen eines Supermarktes einer Lebensmittelkette, deren Gebäude man weltweit am Erscheinungsbild erkennt. Ich erinnere mich an die unheimlich vertraute Erscheinung der Gebäude in Polen und Karigasniemi und erfahre jetzt, dass die Ähnlichkeit sehr wohl beabsichtigt war. Der weltweit einheitliche Baustil ist Programm und gehört zur Marke.

Der junge Kerl kommt mit seinem Job weit herum, fühlt sich aber in seiner Heimatregion heimisch. Er meint, er wisse niemanden aus

Deutschland mit dem Zug an einem Tag

seiner Altersgruppe, von denen praktisch alle für die Dauer des Arbeitslebens in eine andere Region ausgewandert sind, dem es nicht genauso ginge. Leider sei zurzeit arbeitsmäßig nichts in Aussicht. Aber die Verbundenheit mit der Heimat bleibt.

An meinem ersten Umsteigebahnhof gelingt es mit vereinten Kräften gerade so, das Rad aus dem Räderstapel zu befreien, das lange Gefährt durch die schmalen Türen zu winden und mit seiner tiefen Straßenlage auf den Bahnsteig zu bugsieren.

Der nächste Zug ist moderner und hat einen tieferen Zustieg. Deshalb ist auch kein Geländer in der Mitte zum Festhalten nötig, eine echte Hürde für die vollen Packtaschen. Außerdem ist das Fahrrad- und Gepäckabteil wesentlich weniger voll. Sicher liegt das daran, dass dieser Zug zuschlagspflichtig ist, und damit nicht im Schönes-Wochenende-Tarif enthalten. Ich schnalle mein Rad an eine freie Sitzreihe, wie ich von der S-Bahn gewohnt bin, und setzte mich auf den Sitz daneben. An der nächsten Haltestelle steigen noch einige mehr Leute zu. Unter anderen gesellt sich eine junge Frau mit Kinderwagen in das inzwischen gut besuchte Abstellabteil. Das kleine Mädchen aus dem Wagen kann schon ganz passabel laufen und geht auf Entdeckungsreise. Bald hat es die Fahrräder erspäht, die neben mir in unterschiedlichsten Farben und Formen aufeinander gelehnt sind, und stapft mit ausgestreckten Armen darauf zu. Die Mutter ruft die Kleine zurück. Die hält nur kurz inne, will sich aber die sensationelle Gelegenheit nicht nehmen lassen und steuert ohne Richtungswechsel weiter auf die Räder zu.

Du solltest auf deine Mutter hören. Außerdem sind da ziemlich spitzige und dreckige Teile dran. Die Mutter ruft nochmals. Die Kleine hört gar nicht mehr hin, schaut eher mich an, weil ich mit ihr rede. Ja, deine Mama hat dich gerufen, auf die sollst du hören. Sie wendet sich wieder den Rädern zu und geht weiter, bis die Mutter, die sich inzwischen hinter sie gestellt hat, sie hochnimmt und zurückträgt. Während das Mädchen sichtlich den Schrecken erst einmal verdaut, entschuldigt sich die Mutti für den Angriff auf die Fahrräder. Ich meine, das hätte höchstens für sie ein Problem geben können, der Fahrradschmiere wegen, die sich relativ schnell dauerhaft an der Kleidung des Mädchens verewigt hätte. Vor allem bei meinem Rad ist die Kette richtig auf Körperhöhe von so einer kleinen Person, und besonders an den Enden der Kettenrohre sammelt sich immer wieder eine besonders schmierige schwarze Masse an. Von der Verletzungsgefahr rede ich gar nicht, weil ich ihr nicht die Kraft zutraue, sich an irgendwelchen abgefahrenen Zahnrädern aufzuritzen. Die Mutter dagegen befürchtet, die Kleine könne etwas kaputt machen. Das halte ich für ausgeschlossen. Auch wenn das Mädchen recht unternehmungslustig und schon wieder auf den Beinen ist. Ich erkläre ihr, mehr um sie abzulenken und damit aufzuhalten, noch einmal, dass sie immer auf ihre Mama hören sollte. Jene fügt noch den Ratschlag hinzu, darauf zu hören, was ihr die Leute im Zug sagen. Da lernst du etwas für's Leben.

Winterkrieg und kein Ende

Der nächste Zug ist wieder einer der altmodischen, und zudem ein Bummelzug, damit im Schönes-Wochenende-Ticket enthalten, und daher sehr voll. Hier werde ich den größten Teil des Tages verbringen. Der Zug fährt durch bis München. Mit im Abteil sind ein älteres Pärchen und ein junger Mann, der vermutlich Student ist oder vor kurzem war. Nach einem Mittagsschlaf fange ich an, ein Gespräch aufzubauen. Beim Thema Finnland erzähle ich von den vielen Informationstafeln und Gedenkstätten, die an einen Winterkrieg zwischen Finnland und der Sowjetunion erinnern.

Damit ist die Fahrt gelaufen. Nachdem der ältere Herr mir etwas über den erwähnten Krieg erklärt hat, schaltet sich der junge Mann von gegenüber ins Gespräch ein. Ich sitze zwischen zwei Experten, die offensichtlich recht viele Details über den Zweiten Weltkrieg kennen.

Deutschland mit dem Zug an einem Tag

Mir fallen Bilder und Geschichten aus Marokko ein, wo viele alte Leute früher, im oder kurz nach dem Zweiten Weltkrieg in Deutschland waren, von den Kolonialherren als schwarze Männer ins Besatzungsgebiet verfrachtet, um den barbarischen Nachbarn Furcht einzuflößen, und von den Besetzten mit durchgefüttert. Ich sehe den alten marokkanischen Landwirt mit dem starken Kölner Akzent wieder vor mir. Immer präsent ist eine Szene vom Rückweg aus Marokko, in Cairo Montenotte am Nordrand der Apenninen, wo mir ein ehemaliger Partisan sein Fotoalbum gezeigt hat, mit den Bildern von dem Ort, an dem er als Vierzehnjähriger zehn SS-Soldaten erschossen hat. Danach hatte er mir einen Gedenkstein auf dem Platz vor dem Café gezeigt. Die Deutschen hatten das Rathaus besetzt und im Ort recht wüst gehaust und vor allem viele Menschen ermordet.

Überhaupt scheinen die Apenninenstraßen gesäumt zu sein von Gedenksteinen, die an Gefallene im Kampf gegen die Deutschen erinnern. Die Dolomiten wimmeln von Befestigungen und von Steigen, die extra für den Krieg angelegt worden sind, und von anderen Zeugnissen davon, welche Energie das Bestreben freisetzt, sich im Krieg einen Vorteil zu verschaffen, bis zum Wegsprengen eines Berggipfels, um Schussfeld zu bekommen oder gegnerische Stellungen zu vernichten.

In Jugoslawien, wo ich eine vergleichsweise freie und noch sehr friedliche Phase zwischen Tito und Bürgerkriegen erwischt hatte, ist mir in dieser Richtung überhaupt nichts aufgefallen. Von damals, als ich ein achtzehnjähriger Abiturient war, ist mir nur der Eindruck eines hastlosen aber erkennbaren hoffnungsfrohen Aufbruchs in eine neue Zeit geblieben.

So eine Rückreise kann viel Zeit aufwirbeln.

Inzwischen bin ich doppelt so alt und sitze in einer Diskussion über den Winterkrieg an dem Ende der Welt, von dem ich gerade komme, und von dem ich vor einem Monat noch nie etwas gehört hatte, und seine Hintergründe und Folgen. Mit einem besseren Gedächt-

Winterkrieg und kein Ende

nis wäre ich jetzt vermutlich selber ein Experte. Die Finnen waren wohl gute Scharfschützen und nutzten ihre Fähigkeit, um beim Angreifer von den oberen Diensträngen her die Führung wegzuschießen, bis nur noch verängstigte kopflose einfache Soldaten übrig waren.

Mir kommt das Fernsehbild des finnischen Olympiazweiten im Tontaubenschießen in den Sinn. Dann sehe ich die Landkarte vor mir, die trotz des übersichtlichen Maßstabs in weiten Teilen des Landes kaum Ortschaften zeigt, vor allem in der Grenzregion zu Russland. Den Winter dazu kann ich mir nicht ganz vorstellen. Winterliche Bergwanderungen mache ich nur tagsüber und bei schönem Wetter. Ich bin mir nicht sicher, ob ich mir vorstellen möchte, bei Schneefall oder Sturm in Monaten mit zwanzigstündigen Nächten unterwegs zu sein, weit weg von Siedlungen, und noch viel, viel weiter von freundlich gesinnten Menschen. Die langen, vermutlich bitterkalten Nächte werden unangenehm genug sein, aber traumhaft sicher und geborgen im Vergleich mit den Stunden mit Tageslicht, in denen jeden Moment jeder einzelne das nächste Opfer eines Scharfschützen sein kann.

Jedenfalls mussten die Sowjets damals mit einer Niederlage abziehen. Das wiederum soll Hitler ermutigt haben, Russland anzugreifen. Wenn so eine winzige Streitmacht wie die finnische erfolgreich gegen die Rote Armee besteht, muss jene für die deutsche Wehrmacht ein kleiner Haps sein, ein Bissen für Zwischendurch. Als Finnland wenige Jahre später doch von der Sowjetunion besiegt und mit schweren Auflagen belegt wurde, war es zu spät. Vielleicht war also der finnische Sieg ein Glück für Europa, weil er Hitler an eine Front zuviel gelockt und damit das Ende des Zweiten Weltkriegs beschleunigt hat? Die vielen Millionen Menschen, die dabei gefallen sind und ermordet wurden, vor allem auch auf russischer Seite, verbieten das Wort Glück.

Deutschland mit dem Zug an einem Tag

Bei Hitlers Reden hätte ein finnischer Scharfschütze anwesend sein müssen. Vermutlich wurde der Gröfaz aber anfangs unterschätzt und später einfach zu gut geschützt.

Stilecht

Mitten in den Kriegsdebatten höre ich, dass der Zug auch in Freising hält, etwa dreißig Kilometer vor meiner Wohnung. Von München Hauptbahnhof aus aus hätte ich gut zehn Kilometer oder eventuell auch eine S-Bahn, aber bis dort wird der Zug auch noch eine Weile fahren. Ich habe keine Zeit mehr zu überlegen und steige aus. Damit wird die Reise zumindest halbwegs stilecht enden.

Während ich mich und mein Gepäck auf die Fahrt vorbereite, geht die feuchte abendliche Luft in leichtes Nieseln über. Es ist stockdunkel, und ich habe erst einmal keine Orientierung. In Freising war ich seit vielen Jahren nicht mehr. Um das Stadtgebiet herum gibt es viele wenig befahrene Straßen, so dass es bei Tagesradtouren nicht nötig ist, sich das städtische Verkehrsgetümmel anzutun.

Hier ist es jetzt auch sehr ruhig. Nachdem ich ein Straßenschild in Richtung München gefunden habe, strample ich auf einer kaum befahrenen Landstraße drauf los. Zwischendurch gibt es sogar ganz passable Radwege, und irgendwann glaube ich, mich wieder auszukennen. Offensichtlich bin ich aber sehr, sehr müde. Im Kopf bin ich immer noch im fernen Skandinavien, so dass ich die vertrauten Sträßchen durch das Moos, die ich im Frühjahr zu jeder Tages- und Nachtzeit geradelt bin, links liegen lasse, und auf dem Radweg entlang der Hauptstraße bleibe, die ich sonst der Ausdünstungen der vielen Autos wegen meide. So schaffe ich es, eine halbe Stunde von zu Hause Straßen zu entdecken, die ich trotz einiger tausend Trainingskilometer in dieser Region noch nie gefahren bin. Zwischendurch habe ich sogar einmal das Gefühl, mich verfahren zu haben, und drehe um.

Stilecht

Schließlich bin ich auf meinem Arbeitsweg, den ich in wenigen Stunden in der Gegenrichtung wieder fahren werde. Auf den letzten hundert Metern liegt das Gelände einer Bank, das ich wie viele andere auch täglich durchquere. Heute spricht mich, zum ersten Mal überhaupt, ein Mann vom Sicherheitsdienst an. Vermutlich ist Mitternacht nicht die Zeit, in der man einen voll bepackten Radfahrer erwartet. Vielleicht sehe ich auch so aus, als wolle ich in dem verwilderten Grünstreifen an der Stadtgrenze mein Zelt aufbauen.

Als mich der uniformierte Mann fragt, ob er mir helfen könne, antworte ich wahrheitsgemäß, ich wohne "da vorn", und deute auf den Wohnblock, in dem mein Appartement liegt.

Bisher vom Autor erschienen

August bis Oktober 1988: Ein Student radelt nach Süden. Marrakesch erreicht er nicht, besucht keine einzige berühmte Sehenswürdigkeit, glaubt aber trotzdem, "etwas erlebt" zu haben:

Er trifft ehemalige Besatzungssoldaten und Partisanen, vergisst am Zoll alle Fremdsprachenkenntnisse auf einmal, demoralisiert Schlepper mit Postkarten. In marokkanischen Dörfern muss er aus neugierigen Menschenmengen einen vertrauenswürdigen Ansprechpartner heraussuchen, und erfährt die Sorgen der Polizei bezüglich Touristen. Er darf bei Fieber und Durchfall höchstens vier Stunden am Tag liegen, sieht, wie man Tischtennisbälle repariert, schwitzt als Beifahrer neben einem kiffenden Traktorfahrer, "hetzt" mit dem Fahrrad einen Mineralwassertransporter durch die Berge, lernt, wie ein Gastgeber an Geld kommt, ohne etwas zu verlangen, wie ein Kino am Rande der Wüste aussieht, wie aus einer Nacht zwei Wochen werden, mit drei Litern Wasser zu duschen, dass etliche junge Marokkaner verzweifelt auswandern wollen.

Insgesamt passiert auf der zwölfwöchigen Tour nichts Schlimmes - „La ba's" (üblicher marokkanischer Gruß).

(BoD – Books on Demand, 2002; EAN: 9783831144556)

Absturz im Tal der Schmetterlinge
August 1990: Ein Student tastet sich in der Türkei von der internationalen Millionenstadt Istanbul aus in immer kleinere Orte vor, um sich auf den "wilden", so richtig unbekannten, "exotischen" Osten des riesigen Landes vorzubereiten. Aber auch in dem für Touristen weitgehend erschlossenen Westen findet er sich bisweilen in kleinen Abenteuerchen und steht immer wieder unversehens vor neuen Fragen.

Zum Abenteuer schlechthin entwickelt sich aber ein schwerer Unfall, der ihn vor richtig knifflige Aufgaben stellt.

(BoD – Books on Demand, 2007; EAN: 9783837013559)

Trailrunning durch die Alpen Eine Alpenquerung wird niemals Routine. Trotz des gut ausgebauten, recht dichten Netzes von Wegen, Schutzhütten und Gasthäusern gestalten Natur und Mensch jeden Tag auf seine Weise spannend.

Hier schildert ein Langstreckenläufer von einer zehntägigen Lauf-Wanderung vom nördlichen zum südlichen Alpenrand. Dabei spielt das Tempo höchstens zum Erreichen der nächsten Unterkunftsmöglichkeit eine Rolle. Ansonsten stehen die Ablenkungen und Pannen im Rampenlicht.

(BoD E-Short, 2014; EAN 9783734725814; bisher nur als eBook)

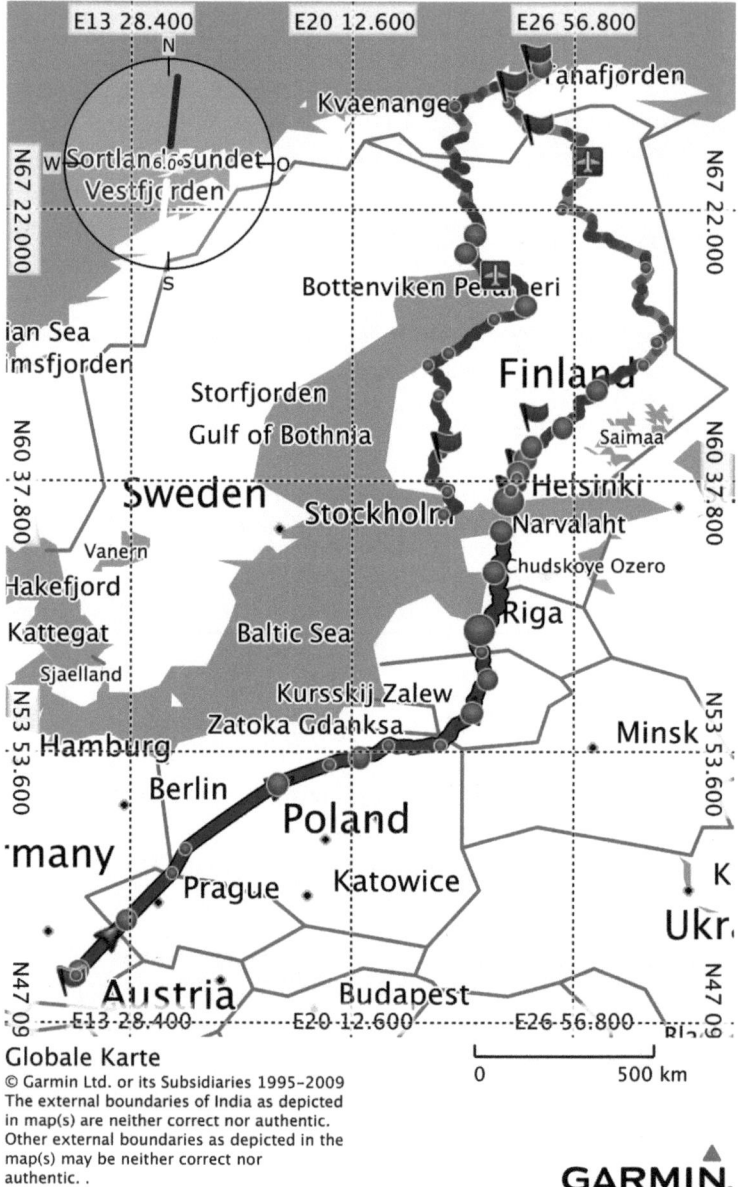

Globale Karte

© Garmin Ltd. or its Subsidiaries 1995–2009
The external boundaries of India as depicted
in map(s) are neither correct nor authentic.
Other external boundaries as depicted in the
map(s) may be neither correct nor
authentic. .